dtv

Der Schweizer Wissenschaftsjournalist Herbert Cerutti
nimmt uns mit auf eine spannende zoologische Reise.
Dabei geht es um so tiefschürfende Fragen wie «Warum gibt es in der Natur überhaupt Sex?» – die Gottesanbeterin etwa verspeist ihren Partner nach dem Liebesakt schnöde und kümmert sich als alleinerziehende
Mutter um ihre Brut –, «Schläft auch der Regenwurm?» oder «Warum killen Killerbienen?». Cerutti
versteht sich auf die richtige Mischung aus sachlicher
Information und unterhaltsamer Anekdote, und so ist
das Lesevergnügen mit Einsichten in die Verhaltensforschung gepaart.

Herbert Cerutti, geboren 1943, ist seit 1975 Wissen-
schaftsredakteur bei der «Neuen Zürcher Zeitung»,
heute mit Schwerpunkt auf Reportagen und Hinter-
grundberichten.

Herbert Cerutti

Sorgen eines Platzhirsches

30 erstaunliche Tiergeschichten

Deutscher Taschenbuch Verlag

Ungekürzte Ausgabe
März 2001
Deutscher Taschenbuch Verlag GmbH & Co. KG,
München
www.dtv.de
© 1999 Verlag Neue Zürcher Zeitung, Zürich
ISBN 3-85823-789-2
Die Textillustrationen wurden folgenden Werken entnommen:
Friedrich von Tschudi, Das Thierleben der Alpenwelt, Leipzig 1858
Brehms Thierleben, Große Ausgabe in zehn Bänden, Leipzig 1879
Umschlagkonzept: Balk & Brumshagen
Umschlagfoto: © Manfred Danegger
Gesamtherstellung: C. H. Beck'sche Buchdruckerei,
Nördlingen
Gedruckt auf säurefreiem, chlorfrei gebleichtem Papier
Printed in Germany · ISBN 3-423-20409-5

Inhaltsverzeichnis

Zu diesem Buch

Was im NZZ-Magazin «Folio» im März 1993 mit einem Artikel über den Tannenhäher und dessen Verstecken von Arvennüsschen begann, hat sich im Laufe von sechs Jahren fast schon zur Institution entwickelt. Das «Tiergschichtli», wie die monatliche Rubrik mittlerweile bei Leserinnen und Lesern heisst, ist offenbar mancherorts zum Apéritif der Heftlektüre geworden, bevor dann die happigere Kost über die Sorgen Zentralafrikas oder die Entwicklung in der Nanotechnologie in Angriff genommen wird.

So hat die zoologische Reise bisher über mehr als 70 Stationen geführt, vom Faultier im kolumbischen Regenwald bis zu den Käfern auf den Sanddünen Namibias, vom Portrait des bergverrückten Katers Tomba bis zur Grundfrage, warum es in der Natur überhaupt Sex gibt. Der Leserschaft scheint vor allem auch die Kombination von unterhaltsamer Anekdote mit sachlicher Information zu gefallen. Dass dies vom Autor manchmal intensives Studium der Fachliteratur verlangt und auch immer wieder ergänzende Auskünfte von Fachstellen und zoologischen Experten nötigt macht, sei nicht verschwiegen. Ich möchte die Gelegenheit benutzen, den vielen Leuten im In- und Ausland, an Universitäten, in den Ämtern für die bereitwillige und prompte

7

Art, mit der sie jeweils meine Anfragen beantworten, von Herzen zu danken.

Das Beschäftigen mit der Physiologie, dem Verhalten, aber auch dem Schicksal der Tiere in unserer Welt, hat mir persönlich viel gebracht. Ich sehe jetzt in der Natur manches mit andern Augen. Und bei gewissem menschlichem Tun drängen sich unwillkürlich Parallelen mit animalen Gepflogenheiten auf. Wie stark sich zoologische Fragen bei mir eingenistet haben, sehe ich auch an der Bücherwand, wo im Laufe der Jahre etliche Tablare an Tierliteratur dazugekommen sind (und dafür manch anderes Buch ins Exil musste).

Das Interesse an den Folio-Tiergeschichten hat 1995 zu einer ersten Sammelung von 22 Tiergeschichten geführt; «Wie die Krähe das Auto benutzt» war bald schon vergriffen. Der Entscheid, eine weitere Serie von Tiergeschichten in Buchform zu publizieren, hat dem Autor insofern etwas Kopfzerbrechen bereitet, als er jetzt aus einem Vorrat von mehr als 50 neuen Geschichten 30 auswählen musste. So wird der Kenner der Folio-Rubrik vielleicht die eine und andere Geschichte vermissen. Trotzdem hoffe ich, die getroffene Auswahl sei erneut ein faszinierender (und lehrreicher) Streifzug durch die erstaunliche Welt der Tiere.

Wolfhausen, im Frühjahr 1999   Herbert Cerutti

Ein Kater will nach oben

Als Max Pfiffner und Hedy Sigg an einem Herbstmorgen um fünf Uhr früh vom Berghotel Schwarenbach aufbrechen, ist es noch dunkle Nacht. Schwarenbach liegt auf 2060 Meter Höhe auf der Gemmipassroute von Kandersteg nach Leukerbad. Die beiden wollen auf das Rinderhorn, einen mit 3453 Meter Höhe ganz respektablen Alpenzacken. Vor der Haustür dann ein Rascheln; im Licht der Stirnlampen leuchten Katzenaugen. Der junge Kater der Wirtsleute ist wohl auf Betteltour, denken die Bergsteiger. Und sie kümmern sich nicht weiter um das Tier, das jetzt hinterhertrottet.

Beim Daubensee, wo der Weg vom Passsträsschen abzweigt, führt die Spur im Zickzack eine steile Geröllhalde hoch. Als sich die Berggänger im Morgenlicht auf halber Höhe umdrehen, sehen sie unter sich die Katze ebenfalls hochsteigen. Auf dem 2900 Meter hohen Rindersattel beginnt der Firn. Es wird Zeit, sich anzuseilen, die Steigeisen an die Schuhe zu schnallen und vor dem Gipfelsturm noch eine Kleinigkeit zu essen. Max und Hedy setzen sich auf einen Stein. Und plötzlich sitzt die Katze auf Hedys Schoss. Für den offerierten Proviant zeigt das Tier kein Interesse; es will sich wohl nur die kalten Pfoten wärmen. Damit die Katze hier wartet, wird auf dem Fels mit einem wollenen Halstuch

9

ein Nest gemacht. Als aber die Bergsteiger den Gletscher in Angriff nehmen, eilt die Katze sofort hinter den führenden Max und trippelt dicht neben dem Seil die steile Bergflanke empor. Wenn die Bergsteiger Atem holen, bleibt sie ebenfalls stehen. Und wo die Steigeisen beim Menschen für sicheren Halt sorgen, schlägt die Katze ihre Krallen ins Eis. Den Grat zum Gipfel schliesslich bewältigt der Vierbeiner mit hocherhobenem Schwanz am äussersten Rand.

Auf dem Gipfel macht die Katze genüsslich bei Wurst und Käse mit. Und blickt dann wie die Grossen mit Andacht in die weite Runde. Der Abstieg auf dem pickelharten Firn ist heikel. Aber anstatt den angebotenen Platz auf dem Rucksack zu beziehen, will die Katze einmal mehr den eigenen Weg gehen. Und prompt kommt sie auf dem Eis ins Rutschen. Was das Tier jedoch nicht in Verlegenheit bringt, denn geschickt nutzt es den Schwanz als Seitenruder und steuert so in die griffigere Menschenspur zurück. Nach neunstündiger Bergtour ist auch die Katze leicht angeschlagen; mit leisem Miauen bittet sie auf dem Heimweg gelegentlich um einen kleinen Halt.

Die Schwarenbachwirtin Dorothea Stoller lacht, als ihr die Gäste vom felinen Gipfelabenteuer erzählen. «Ja, ja, unser Tomba ist halt ein Bergnarr. Allein diese Saison hat er schon über ein dutzendmal Bergsteiger auf das Rinderhorn oder auf das noch höhere Balmhorn begleitet. Dabei ist er doch erst ein Jahr alt.» Und Frau Stoller erzählt den verdutzten Gästen eine Geschichte, wie sie in der Katzenwelt wohl einzigartig sein dürfte.

Mitte der achtziger Jahre war den Stollers eine hübsche Kätzin zugelaufen und gehörte bald schon zur Familie. Eines Tages tauchte im Berghotel auch ein Kater auf. Wie es sich später herausstellte, hatte der Perser den weiten Weg von Leukerbad über die Gemmi unter die Pfoten genommen, um seine Berner Braut zu treffen. Aus dem Liebesabenteuer wurde am 7. August 1988 der kleine Kater Tomba. Von Dorothea Stoller so getauft, weil die Mutterkatze Tomassa hiess – und weil in jenen Jahren ein gewisser Alberto begonnen hatte, die Frauen am Bildschirm mit katzenhaftem Slalomtanz zu entzücken. Beim alpinistischen Flair der Eltern verwunderte es nicht, dass Klein-Tomba schon mit wenigen Monaten in der näheren Umgebung erste Ausflüge zum Spittelhorn und zum Gällihorn unternahm und mit einer Schulklasse auch bereits 400 Meter hoch auf die Wyssi Flue kraxelte.

Für die Schwarenbachwirtin keine leichte Zeit. Denn sie hatte um den Kleinen Angst und holte den Ausreisser bei Wind und Wetter nach Hause, wann immer sie Kunde von einer neuen Eskapade erhielt. Und Meldungen trafen nicht nur von Berggängern ein, sondern auch aus einem Leukerbader Wirtshaus, wo Tomba eines Tages gemütlich in der Gaststube lag. Im Juni 1989 aber, Tomba war gerade zehn Monate alt geworden, berichtete der Adelbodner Peter Klopfenstein, das Tier sei ihm bis auf den Gipfel des Rinderhorns gefolgt. Jetzt begriff Dorothea Stoller, dass ihr Tomba etwas Besonders war und die Berge brauchte wie andere Katzen das Mäusespiel. Und fortan liess sie den

Kater gewähren im Vertrauen darauf, dass er sein alpinistisches Talent schon richtig zu nutzen wisse. Den Berufsfotografen Klopfenstein aber hatte die bergsteigende Katze derart verblüfft, dass er völlig vergass, den Gipfelsieg des Kätzchens zu dokumentieren, und Tomba erst auf dem Rückweg am Daubensee portraitierte.

Tombas Taten machten nicht nur in Bergsteigerkreisen die Runde. Der «Walliser Bote» titelte: «Tomba – der Wanderkater. Wenn er Berge sieht, vergisst er die Mäuse.» Für eine deutsche Tierpostille war er «Ein Kater im Höhenrausch». Der «Berner Oberländer» kalauerte «Tomba: der Muskel-Kater ohne Muskelkater». Und für das «Vita Sana Magazin» waren die Dreitausendergipfel «Nur ein Katzensprung». Auch meldeten sich Leute wie Dr. Scheffler, Fachtierarzt für Kleintiere, zu Wort, der im Rostocker «Küsten-Anzeiger» meinte, dass es sich bei Tomba um ein «sportlich und konditionell durchtrainiertes Tier» handle, das wegen seines «mittellangen Grannenhaares phänotypisch in die Rasse Colourpoint» einzuordnen sei. Und das Rudelverhalten unter Menschen, denen Tomba vertrauensvoll folge, sei bei einer Katze eine «ethologisch bemerkenswerte Ausnahme». Schliesslich wanderte die Tomba-Saga um die halbe Welt. Bei der stolzen Familie im «Schwarenbach» trafen Zeitungsausschnitte aus England, Amerika, Südafrika und Japan ein.

Mittlerweile hat sich Tomba zum ausgekochten Profi gemausert. Auf der Registrierkasse liegend, hält er am Abend in der Gaststube hof und konsumiert Streicheleinheiten. Im stillen macht er sich dabei seine Meinung über die Kundschaft. Irgendwann im Laufe des Abends scheint er sich für seine Bergkameraden zu entscheiden. Später dann, kaum schläft das Haus, beginnt Tomba mit der Tourvorbereitung. Das heisst, er schleicht in die Hotelküche und sucht sich für den strengen Tag die nötigen Aufbaustoffe. Am liebsten einen währschaften Brocken Fleisch. So hatte er in der Nacht vor der Tour mit Max und Hedy ein Pfund Hackfleisch verdrückt. Am frühen Morgen dann, noch bevor die ersten Gäste sich bereit machen, legt sich der Kater vor der Haustür auf die Lauer. Und lässt Gruppe um Gruppe passieren – bis sein Favorit ins Freie tritt. So hat er an jenem Morgen erst zwei Bergsteigergruppen unbehelligt Richtung Balmhorn ziehen lassen, bevor er sich in der Dunkelheit Max und Hedy an die Fersen heftete.

Ein solches Tier wird schliesslich zur Legende. Bergsteiger berichten, Tomba habe sie vor einer gefährlichen Schneeverwehung gewarnt, indem er sich vor der betreffenden Stelle strikte weigerte, weiterzugehen. Eine andere Seilschaft schildert, wie der Kater plötzlich wie angewurzelt stehengeblieben sei. Nachdem die Gruppe ebenfalls stoppte, habe sich nur Sekunden später eine Lawine gelöst und direkt vor ihnen das Gelände verschüttet. Für Dorothea Stoller aber ist Tomba ein Fall von Seelenwanderung – die Wiederkehr eines verstorbenen, tüchtigen Alpinisten in Katzengestalt. Selbst für den nüchternen Tierbeobachter ist Tomba ein Phänomen. Ähnlich wie die Hündin Tschingel, die den englischen Alpenpionier William A. B. Coolidge in den Jahren 1865 bis 1876 über 36 Alpenpässe und auf

30 Gipfel begleitet und schliesslich mit der Besteigung des 4800 Meter hohen Montblanc ganz Chamonix aus dem Häuschen gebracht hatte. Andrerseits kennt man die unstillbare Neugier und den unbändigen Wandertrieb so mancher Katze, und man weiss, dass der Schneeleopard im Himalaja Höhen bis 5000 Meter bevorzugt. Weshalb also soll es gelegentlich nicht auch eine bergsteigende Hauskatze geben?

Unsere Geschichte hat leider kein Happy-End. Nachdem Frau Stoller ihren Tomba in manchem Gedicht verherrlicht hatte, schrieb sie ein letztes Poem: «Die Augen Tombas, einst so blank, sie zeigen, dass das Tier sehr krank, der Doktor bringt's zum guten Schluss, dass nicht der Kater leiden muss.» Tomba ist im Januar 1993 der Katzenleukämie zum Opfer gefallen. Ein doch eher unwürdiges Ende für eine Persönlichkeit, die im Hochgebirge so mancher Gefahr getrotzt hatte.

Heilendes Schlangengift

Der Mensch hegt für Schlangen seit alters zwiespältige Gefühle. Die geräuschlos dahingleitende Kreatur, durch Aussehen und Verhalten die Antithese zum «menschlich Aufrechten», erweckt Ehrfurcht, aber auch Angst und Ekel. Bei den Griechen und Germanen galt die Schlange als unheilabwendender Hauswächter. An der Krone der Pharaonen symbolisierte sie Herrscheranspruch. Den Äskulapstab umwindend, ist sie heute noch Sinnbild der Heilkunst. Im Christentum allerdings verkam die Schlange zum Untier; ihr legendärer Auftritt im Paradies machte sie zum Prototyp des Niederträchtigen.

Wesentlicher Grund für die weitverbreitete Angst vor Schlangen sind die Giftschlangen. Zwar ist von den insgesamt 3000 Schlangenarten nur etwa ein Drittel giftig, und eigentliche Giftzähne haben lediglich zehn Prozent. Trotzdem werden jährlich zwischen drei und vier Millionen Menschen von Giftschlangen gebissen. Die Mortalitätsrate beträgt im Mittel zwei bis drei Prozent, was weltweit pro Jahr doch 100 000 Menschenleben bedeutet. Ob man an einem Schlangenbiss stirbt oder nicht, hängt stark von der Schlangenart und den Umständen des Unfalls ab. So sterben nach Kreuzotterbissen ein Prozent der Opfer, bei der brasilianischen Lanzenotter Jararacussu sind es 12 Prozent, bei der indischen Kobra bereits 32 Prozent. Und für die Schwarze Mamba nennt die Fachliteratur 100 Prozent.

Die Kobra verfügt über einen Giftvorrat von über 200 Milligramm; 15 Milligramm können einen erwachsenen Menschen töten. Wichtig für den Verlauf der Vergiftung ist, ob die Schlange mit dem für die Nahrungsbeschaffung bestimmten «Jagdbiss» den Vorrat ihrer Giftdrüsen nahezu geleert oder ob sie lediglich mit einem «Verteidigungsbiss» dem Störenfried relativ geringe Giftmengen appliziert hat.

Über Sein oder Nichtsein entscheidet aber weitgehend die medizinische Betreuung. In den USA werden pro Jahr 8000 Menschen von Giftschlangen, meist Klapperschlangen, gebissen. Dank den guten Behandlungsmöglichkeiten gibt es aber kaum mehr als ein Dutzend Tote. In Indien dagegen bezahlt Jahr für Jahr ein Drittel der schätzungsweise 200 000 Gebissenen den Schlangenunfall mit dem Leben.

Und in der Schweiz? Bei uns gibt es als Giftschlangen nur die Kreuzotter und die Juraviper. Das Schweizerische Toxikologische Informationszentrum erhält jährlich zwischen zehn und zwanzig Anfragen wegen Giftschlangenbissen. In den letzten dreissig Jahren hat sich jedoch kein einziger Todesfall ereignet. Dagegen sterben in der Schweiz jedes Jahr im Durchschnitt drei Menschen am Gift von Bienen und Wespen. Die dem Toxzentrum jährlich gemeldeten insgesamt 300 Unfälle mit Gifttieren sind indessen marginal, wenn man sie mit den über 7000 Vergiftungen mit Putzmitteln und andern Haushaltchemikalien vergleicht.

Das Gift der Kreuzotter wird für den Menschen
nur ganz selten zum Problem.

Unfälle mit Giftschlangen sind fast immer das Resultat menschlicher Unachtsamkeit oder falschen Verhaltens, indem etwa barfuss durch Grasland gegangen oder bei überraschender Begegnung mit einer Schlange eine hektische Fluchtbewegung gemacht wird. Denn so mörderisch Giftschlangen uns erscheinen mögen – sie haben alles andere im Sinn, als den für sie viel zu grossen Menschen zu jagen.

Wie kam die Schlange überhaupt zu ihrem Gift? Als vor über 100 Millionen Jahren eine Seitenlinie der Echsen grössere Beweglichkeit in Laub und Gestrüpp erlangte, indem auf die Beine verzichtet und das kräftige Gebiss einem schlanken Kopf geopfert wurde, waren diese Vorteile erkauft mit dem Fehlen von Klauen und Reisszähnen. Das Reptil, ein Raubtier, musste sich für die Jagd und den Beuteverzehr Neues einfallen lassen.

Ein Teil der Schlangen entwickelte chemische Stoffe, mit denen die Beute nach raschem Biss gelähmt und getötet werden kann. Dazu werden Neurotoxine eingesetzt, die die Reizübertragung zwischen Nervensystem und Muskeln blockieren, was schliesslich zu Atemstillstand und Herzversagen führt. Nach der tödlichen Injektion wartet die Schlange geduldig, bis das Opfer gestorben ist. Dann beginnt das mühsame Verschlingen der gesamten Beute. Der Brocken muss nun aber möglichst rasch verdaut werden, denn der Klotz im Bauch verdammt die Schlange zur Unbeweglichkeit und bringt sie in Gefahr, selber zur Beute zu werden. Im Giftcocktail enthalten sind deshalb auch Verdauungssekrete: Hämatoxine hemmen oder beschleunigen die Blutgerinnung und lösen die roten Blutkörperchen auf. Zytotoxine zerstören Haut, Gefässwände und anderes Gewebe. Es sind diese «verdauenden» Giftkomponenten, die nach Schlangenbissen in der Bissregion zu Gewebszerstörungen bis auf den blanken Knochen führen können.

Das Gift der Schlange ist also keine Bosheit, sondern lediglich eine effiziente Jagdwaffe und Verdauungshilfe. Dass die Schlange ihre chemischen Möglichkeiten auch zur Abwehr drohender Gefahr nutzt, darf man ihr nicht verargen. Wie diskret und wenig aggressiv Schlangen dem Menschen gegenüber sind, wird einem bewusst, wenn man nach vielen Tagen im südamerikanischen Regenwald oder nach langer Fusswanderung in den Savannen Afrikas zwar alles mögliche exotische Getier, aber nie eine Schlange zu Gesicht bekommen hat.

Ähnlich menschenscheu wie Giftschlangen sind auch die meisten anderen Gifttiere, denn sie gefährden uns mit ihrer Chemie nur, wenn wir ihnen zu nahe kommen. So sind die Pfeilgiftfrösche der südamerikanischen Regenwälder noch viel giftiger als jede Schlange. Zum Schutz vor dem Gefressenwerden sondern die niedlichen Fröschchen auf der Haut Sekrete ab, die jedem Feind den Appetit gründlich verderben: *Phyllobates aurotaenia* beispielsweise speichert in den Hautdrüsen 1900 Mikrogramm Batrachotoxin; bereits 100 Mikrogramm könnten einen Menschen töten, wenn das Gift in die Blutbahn gelangte. Der Indianer braucht deshalb lediglich die Spitzen seiner Blasrohrpfeile kurz über den

Froschrücken zu ziehen, um damit Vögel und kleinere Säugetiere töten zu können. Und die wunderschönen Farben der Pfeilgiftfrösche sind nichts anderes als eine faire Warnung an potentielle Nascher. Unlängst entdeckte man noch einen zusätzlichen Sinn der Gifte auf der Froschhaut: Die Alkaloide schützen die stets feuchte Körperoberfläche vor den allgegenwärtigen Pilzen und Bakterien.

Eine pharmakologische Wirkung von Tiergiften haben schon vor 4000 Jahren die Chinesen entdeckt, die seither Pulver aus Krötenhäuten als Herzmittel nutzen. Im Jahre 1891 gelang es einem Mediziner, durch Injektion von Viperngift den Tetanuskrampf eines Knaben zu lösen. Anfang des 20. Jahrhunderts brach dann in den Wissenschaften geradezu ein Tiergiftboom aus. Mittlerweile hat man eine enorme Vielfalt chemischer Komponenten in verschiedensten Tiergiften entdeckt; das Standardwerk «Gift-Tiere und ihre Waffen» von Gerhard Habermehl liest sich wie ein Who's who der Wirkstoffchemie.

Heute haben etliche Schlangengifte Eingang in die Medizin gefunden. Aus der Malaien-Mokassinschlange wird das Enzym Arwin gewonnen, welches das für die Blutgerinnung verantwortliche Fibrinogen spalten kann und zur Behandlung von Durchblutungsstörungen und Thrombosen verwendet wird. Von Lanzenottern stammt das Präparat Reptilase; es fördert die Blutgerinnung und ist deshalb zur Behandlung starker Blutungen in der Chirurgie nützlich. Grosse Beachtung gefunden hat auch die Entdeckung von Stoffen im Gift der Lanzenotter Jararacussu, die das für die Regulierung des Blutdrucks wichtige Angiotensin-I-Konversionsenzym (ACE) blockieren können. Daraus wurde dann die neuartige Medikamentenklasse der gegen Bluthochdruck wirksamen ACE-Hemmer entwickelt. Und seit einigen Jahren macht auch ein aus der afrikanischen Sandrasselotter gewonnenes Gift medizinische Schlagzeilen: Versuche haben gezeigt, dass der Wirkstoff Echistatin chronischen Knochenabbau, wie er für die Alterskrankheit Osteoporose typisch ist, verhindern kann.

Bei allen Tugenden der Schlangengifte bleibt eine grosse Frage: Was machen die Schlangen, dass sie nicht von ihrem eigenen Gift geschädigt werden? Japanische und brasilianische Forscher haben unlängst im Blut einer Giftschlange eine Substanz gefunden, die das Gift dieser Schlange neutralisiert. Kevin Broady, ein Immunologe der University of Technology in Sydney, isolierte dann aus dem Blut der australischen Tigerotter ein Eiweiss, das nicht nur das Gift der Tigerotter, sondern auch dasjenige einer Kobra, einer Viper und einer Mokassinschlange neutralisiert. Broady will jetzt ein gegen Schlangenbisse universell wirksames Antivenin entwickeln. Es ist bereits gelungen, mit dem Stoff eine Maus gegen das Gift fünf verschiedener Schlangen zu schützen.

War also die Idee des kleinasiatischen Königs Mithridates, der vor 2000 Jahren Schlangenblut trank, um sich gegen Schlangenbisse zu schützen, möglicherweise doch kein Aberglaube?

*Die Gottesanbeterin frisst ihren Partner nach dem Liebesakt auf
und kümmert sich als alleinerziehende Mutter um ihre Brut.*

Wozu Sex?

Die Frage mag trivial erscheinen. Sex ist doch das Naturprinzip, dank dem sich die Lebewesen fortpflanzen; der biologische Mechanismus, wodurch Eltern zu Kindern kommen und so trotz physischem Tod genetisch weiterleben. Und wenn man sieht, mit welcher Hingabe und welchem Raffinement Sex von den unterschiedlichsten Lebewesen jahrein, jahraus betrieben wird, kann an der Wichtigkeit der Sache kein Zweifel sein.

Und doch. Was für die Biologen früherer Zeiten keiner Erklärung bedurfte, löste in den letzten Jahrzehnten grundsätzliche Diskussionen aus. So bezeichnete der englische Zoologe Colin Tudge unlängst in seinem Buch «Wir Herren der Schöpfung» Sex als eine der abartigsten Erfindungen der Biologie, denn als Mittel zur Fortpflanzung sei er nicht nur ineffizient, sondern auch gefährlich. Zum Zweck der Fortpflanzung genügt tatsächlich ein Zweiteilen des Individuums, wie es etwa die Amöbe sehr erfolgreich praktiziert. Bei dieser ungeschlechtlichen Fortpflanzung werden aus einer Zelle zwei – simpel, logisch und ohne langwieriges Händchenhalten. Tun sich aber Elefanten oder Menschen zwecks Reproduktion zusammen, entsteht, trotz grossem Theater, aus zwei Zellen nur ein Nachkomme, was nicht sehr produktiv ist.

Sex ist zudem gefährlich. Allein die Zeit, die es braucht, um einen Geschlechtspartner zu finden und mindestens bis nach dem Vergnügen bei der Stange zu halten, ist enorm. Wertvolle Zeit, während deren man sich nicht dem Fressen widmen kann. Gefährliche Zeit auch, denn die Balz macht die Verliebten für Risiken blind. Die Freier leisten sich allerhand Putz, von den protzigen Schwanzfedern des Pfaus über das umständliche Geweih des Hirsches bis zum leuchtenden Farbenkleid so mancher Fisch- und Vogelart – eine Auffälligkeit, die das Verstecken vor Räubern erschwert und auf der Flucht zur tödlichen Behinderung werden kann.

Der Kiltgang selber ist dann alles andere als ein Bummel: Meist bewerben sich mehrere Kandidaten um einen potentiellen Geschlechtspartner, was kräftezehrende Rauferei und gelegentlich sogar mörderischen Waffengang nötig macht. Und ist die Kopulation glücklich überstanden, kann es dem Liebhaber passieren, dass ihn sein Schatz kurzerhand auffrisst, wie etwa bei manchen räuberischen Spinnen und Skorpionen. Nicht genug der Unbill, wird Sex durch den Körperkontakt zur feuchten und klebrigen Sache – ein perfektes Milieu für Parasiten und ein idealer Nährboden für die Ausbreitung von Infektionen.

Sex als Fortpflanzungstechnik hat ausserdem das Handicap, dass er nur funktioniert, wenn in der Tat ein Partner gefunden wird. Ein ziemliches Problem für Tiere wie die Entenmuschel, eine Krebsart, die als ausgewachsenes Tier fest an Treibholz oder Schiffen sitzt. Da hier Männchen und Weibchen nicht zueinander kommen können, legt sich das Weibchen in der Jugendzeit ein parasitisches Männchen zu: eine Samentasche, die dauerhaft am Körper der Weibchen festgemacht ist.

Bei einem solchen Rattenschwanz von Nachteilen kann man über die Beliebtheit von Sex nur den Kopf schütteln. Und wer als Neunmalkluger meint, Sex sei in der Natur so verbreitet, weil er (uns) Tieren halt Spass mache, vergisst, dass die Lust nur ein Trick der Natur ist, die Akteure für die höchst heikle Angelegenheit zu motivieren.

Wozu also Sex? Schon Darwin wusste, dass Sex jener Mechanismus ist, der überhaupt erst die heutige Vielfalt pflanzlichen und tierischen Lebens ermöglichte. Zwar kann sich eine Tierart auch ungeschlechtlich verändern, indem im Genmaterial laufend Mutationen passieren. Solche zufälligen Einzelmutationen sind aber fast immer für das Lebewesen nachteilig. Erst wenn Mutationen in geeigneter Kombination zusammenspielen, ist ein Vorteil für das Individuum zu erwarten. Während sich nun bei der ungeschlechtlichen Vermehrung nur immer die Mutationen des einen Lebewesens aneinanderreihen, wird mit Sex bei jeder Generation das Erbgut verschiedener Individuen neu kombiniert – ein gewaltiges Spielfeld genetischer Vorschläge, von denen dann der eine oder andere etwas besser in die jeweilige Umwelt passt. Eine natürliche Selektion wird möglich.

Dank dieser genetischen Wandelbarkeit kann Leben nun auch ungewohnte Lebensräume erobern und sich über die zahlreichen Generationen hinweg höher entwickeln. So einleuchtend sexuelle Fortpflanzung als Vorbedingung für die Evolution ist, erklären lässt sich Sex damit trotzdem nicht. Denn entgegen der lange verkündeten Meinung, Männchen und Weibchen pflegten das anspruchsvolle genetische Joint venture aus Gruppeninteresse mit dem Ziel, ihre Art gegenüber andern Tierarten tüchtiger zu machen, sind sich die Biologen heute einig, dass ein Lebewesen immer nur den Erfolg seiner persönlichen Gene sucht. Das Individuum weiss nichts von all den prächtigen Modellverbesserungen, die künftigen Generationen zukommen mögen, falls es anstelle der ungeschlechtlichen Fortpflanzung die Karte Sex spielt.

In der Tat war in den frühen biologischen Zeiten die ungeschlechtliche Reproduktion die Regel. Und auch heute noch gibt es neben Mikroorganismen wie den Bakterien mehr als 15 000 Tierarten, die sich mit Vorliebe ungeschlechtlich fortpflanzen und nur gelegentlich eine Sexrunde einschieben. So sind alle Blattläuse auf der Knospe eines Rosenzweigs genetisch identische Mitglieder eines Klons, der auf eine einzige (sexuell gezeugte) Blattlaus zurückgeht. Auch Ameisen und Bienen und sogar Truthühner können sich ohne Zufuhr fremder Gene vermehren.

Etwa tausend Tierarten, darunter manche Fische und Echsen, sind sogar völlig asexuell, und die Weibchen produzieren den Nachwuchs per Jungfernzeugung. Eine zumindest kurzfristig lohnende Sache, denn durch den Verzicht auf Männchen, die nur fressen und kopulieren und sich nicht um die Aufzucht der

Jungen kümmern, kann die nur aus Weibchen bestehende Tierpopulation sich verstärkt auf das Muttersein konzentrieren. Der Vergleich eingeschlechtlicher Eidechsenpopulationen mit zweigeschlechtlichen Arten ergibt bereits nach drei Jahren einen fast dreimal so grossen Zuwachs. Dass solches Ausschalten der Männerwelt bei der einzelnen Tierart allerdings nicht sehr alt sein kann, zeigt das Verhalten zölibatärer Eidechsenweibchen: Bei 6 der 15 eingeschlechtlichen Rennechsenarten kann sich ein Weibchen erst fortpflanzen, wenn es von einem andern Weibchen mit typisch männlichem Balzritual, einschliesslich einer Pseudokopulation, bedient worden ist.

Langfristig jedoch schlittert jede asexuelle Tierart in die Sackgasse der genetischen Degeneration und geht nach weniger als 100000 Generationen an der Häufung nachteiliger Mutationen zugrunde. Trotzdem hat in den Flüssen Mittel- und Südamerikas der Amazonenkärpfling überlebt, eine Fischart mit ausschliesslich Weibchen, die bereits seit über 500000 Generationen Jungfernzeugung betreiben. Untersuchungen brachten zutage, dass sich die Amazonen jedoch gelegentlich kleinste Mengen fremden Genmaterials bei den Männchen verwandter Fischarten ausleihen.

So vorteilhaft und nötig Sex für eine langfristige Weiterentwicklung auch ist – um als Variante zur ungeschlechtlichen Fortpflanzung in der Natur überhaupt Fuss fassen zu können, musste er dem Individuum auch kurzfristigen Vorteil bieten. Plausible Antworten haben die Biologen erst in den letzten dreissig Jahren geliefert.

Die heute am meisten favorisierte Hypothese schlug Ende der siebziger Jahre der Engländer William Hamilton vor: Lebewesen stehen nicht nur im Kampf mit ihren äusseren Konkurrenten und Feinden, sie müssen sich auch ständig nach innen wehren. Pausenlos versuchen Parasiten den Körper zu besiedeln; nur ein tüchtiges Immunsystem kann die mikrobische Attacke parieren. Da Parasiten aber rasch mutieren, sich schnell vermehren und ihre Eigenschaften durch Gentausch immer wieder ändern, ist es für den Wirt wichtig, sein genetisches Inventar (und damit seine Abwehrmöglichkeiten) ebenfalls schnell und vielseitig zu variieren. Da sexuelle Fortpflanzung die Kinder sowohl von den Eltern als auch innerhalb der eigenen Generation genetisch unterschiedlich prägt, stehen die Parasiten laufend vor neuen Aufgaben.

Mittlerweile haben Computersimulationen wie auch Naturbeobachtungen Hamiltons Hypothese erhärtet. Sex fand also höchstwahrscheinlich seinen Weg in die Welt als Überlebensstrategie gegen Bakterien, Viren, Pilze und Würmer. Warum auf dem prosaischen Fundament jetzt beim Homo sapiens ganze Paläste mehr oder weniger edler Gefühle ruhen, ist eine andere Geschichte.

Der Prinz der Leere

Wer den Disney-Dokumentarfilm über Albatrosse gesehen hat, wird die Szene nie vergessen: Mit weiten Flügeln segelt der Vogel auf den grasbewachsenen Uferstreifen zu. Der Landeanflug imponiert durch die Eleganz des Gleitens, die hohe Geschwindigkeit des grossen Vogels. Man ist gespannt, wie der Albatros das schwungvolle Manöver zu Ende bringen wird. Knapp über Grund senkt das Tier seine Entenfüsse wie ein Jumbo das Fahrwerk. Die Schwanzfedern sind als Bremsklappen weit nach oben gespreizt. Touch-down. Und mit schneller Fussarbeit versucht der Vogel seinen Körper abzubremsen. Vergeblich. Das Fahrwerk knickt nach hinten weg, die Schnauze taucht wuchtig ins Gras – die Landung endet mit einem halsbrecherischen Purzelbaum. Mit zerzaustem Gefieder hockt der ehemals stolze Flieger schliesslich im Gras. Fürwahr kein aeronautisches Meisterstück.

Den Zuschauer reizt die Komik zum Lachen. Dann aber stellt sich doch die Frage, wie solche Tolpatschigkeit in der Natur überhaupt existieren kann. Sie muss wohl der Preis für einen erheblichen Vorteil sein. Wofür?

Von den vierzehn Albatrosarten leben zehn in der Subantarktis, zwischen dem 40. südlichen Breitengrad und der Antarktisküste, wo ein äusserst rauhes Klima herrscht. Ein Tier mit grossem Körpervolumen wird mit tiefen Umgebungstemperaturen besser fertig als kleine Tiere. Mit ihrem Gewicht von bis zu acht Kilogramm und einer Flügelspannweite von gut drei Metern gehören Wanderalbatros und Königsalbatros zu den grössten Vögeln. Die langen Flügel der Albatrosse aber sind erstaunlich schmal. Denn während Geier und Adler sich mit Vorliebe von thermischen Aufwinden in die Höhe tragen lassen und deshalb sehr grosse Flügelflächen brauchen, sind die Albatrosse mit ganz anderer Aerodynamik konfrontiert: Tag und Nacht bläst über den südlichen Meeren von Westen her ein steifer bis stürmischer Wind – effizientes Fortkommen ist nur mit hoher Reisegeschwindigkeit möglich. Hochgeschwindigkeitsfliegerei verlangt aber ein schmales Flügelprofil mit relativ grosser Flächenbelastung.

So zischt der Albatros mit bis zu 100 Kilometern pro Stunde durch die eisigen Winde; das Unterschreiten einer Minimalgeschwindigkeit von etwa 60 km/h müsste unweigerlich zu Strömungsabriss und Absturz führen. Dank seinem Jet-Design zaubert der Albatros nun ohne Flügelschlag einen Segelflug in den Himmel, der seinesgleichen in der zoologischen wie der technischen Fliegerei sucht: Geschickt die variierenden Windströmungen über den Wellenkämmen nutzend, kurvt der Vogel nur Zentimeter über der Gischt, taucht in die Wellentäler, um alsbald mit atemberaubender Virtuosität höher in den Wind zu steigen. Dabei weiss der Vogel durch Verändern des Steig- und des Sinkfluges

*Als Meister des schnellen Segelfluges hat der Albatros
bei Start und Landung entsprechend Müh.*

sowohl mit als auch gegen den Wind grosse Strecken in kürzester Zeit zu bewältigen. Zoologen haben versuchsweise einen Laysan-Albatros von seinem Brutplatz auf den Midway-Inseln inmitten des Pazifiks per Flugzeug an die Küste des Staates Washington verfrachtet und dort freigelassen. Zehn Tage später sass der Vogel wieder in seinem Nest. Und liess die Forscher nicht nur über die Flugleistung von immerhin 5120 Kilometern staunen, sondern auch rätseln, wie er ohne Geländemarken und ohne Duftinformationen den Weg über das Wasser gefunden hatte. Als Navigationshilfen bleiben wohl nur Sonne und Sterne sowie das Erdmagnetfeld.

Sein fliegerisches Können braucht der Albatros, um die fern der Küsten nur sehr dünn verteilte Nahrung zu finden. Allein oder in Gruppen späht er nach Tintenfischen, Makrelen oder anderem Getier, das sich nahe der Wasseroberfläche tummelt. Für Jagd und Konsum landet der Vogel auf dem Wasser. Albatrosse vertilgen auch auf dem Meer treibende Nüsse, packen bei Gelegenheit einen jungen Pinguin und folgen tagelang Schiffen in der Hoffnung auf Küchenabfälle. So kurvt der Albatros monatelang, ohne je Land zu sehen, über die Ozeane, und man vermutet, er mache in der Südhemisphäre ganze Weltumrundungen. Das Leben in der Wasserwüste, oft Tausende von Kilometern vom Festland entfernt, verlieh dem Albatros schon immer etwas Mystisches. Als Bote des Windes, als Reinkarnation ertrunkener Kameraden galt er den Seeleuten früherer Zeiten; als «Prinz der Leere» feierte ihn Baudelaire noch im letzten Jahrhundert.

Für die Fortpflanzung aber muss auch der Albatros an Land. Im Alter von vier bis zehn Jahren kehrt der Jungvogel auf jenes Eiland zurück, wo er aus dem Ei geschlüpft ist: Südgeorgien oder die Falkland-Inseln, Tristan da Cunha, die Kerguelen, Prinz Edward Island, Chatham und Campbell, oder wie die gottverlassenen Inseln rund um die Antarktis auch alle heissen mögen. Jetzt muss der Vogel seine Vorliebe für schnelles Fliegen büssen. Hat ihm die offene Wasserfläche das Landen mit Übergeschwindigkeit noch leidlich verziehen, stellt ihn die Rückkehr zur Mutter Erde vor die brutalen flugtechnischen Tatsachen. Missglückte Landungen können dem Albatros nun ohne weiteres die Flügel oder sogar das Genick brechen.

Die Vögel lernen jedoch bald, wie mit dem aerodynamischen Handicap umzugehen ist. So baut der Schwarzbrauenalbatros auf den Falkland-Inseln sein Nest auf einer turmhohen, steil ins Meer abfallenden Felsklippe. Für die Landung pfeilt der Vogel dicht über der Wasseroberfläche in Richtung Klippe, zieht unmittelbar vor dem Hindernis hoch, um schliesslich mit nur noch minimaler Geschwindigkeit oben aufzusetzen. Da dies bei starken lokalen Turbulenzen ein nur schlecht abschätzbares Manöver ist, muss der Vogel gelegentlich bis zu zehn Probeanflüge machen. Ist der Brutplatz allerdings keine Klippe, sondern flaches Ufergelände, bleibt das Landen selbst für erfahrene Vögel ein Problem. Und das Starten erfordert kräfteraubendes Spurten gegen den Wind, wobei selbst ein scheinbar geglückter Start noch am ufernahen Wellenkamm ein penibles Ende finden kann.

Sind die Jahre zur See von grosser Unabhängigkeit geprägt, gibt sich der Albatros beim Kiltgang ausgesprochen sozial. Am Brutplatz angekommen, beginnen Männchen und Weibchen mit einem nuancenreichen Tanz, der über Tage wiederholt wird, bis sich die Partner für die sexuelle Begegnung entscheiden. Der Tanz der Albatrosse ist spektakulär: Den Kopf mit gestrecktem Hals nach oben gereckt, umkreisen sich die Partner; es wird gewimmert, gewiehert, gestöhnt und mit den Schnäbeln geklappert. Dann kraulen sich die beiden ausgiebig die Halsfedern. Bauen die Verliebten schliesslich ein Nest, ist dies der Anfang einer lebenslangen Ehe, die in jeder neuen Brutsaison wieder mit Tanz besiegelt wird. Die Verhaltensforscher vermuten, das intensive Balzritual sei nötig, um die Partnerschaft der Eheleute nach den langen Wandermonaten zur See erneut zu festigen. Das Resultat der Verbindung ist jeweils ein einziges Ei, das von beiden Eltern im Schichtbetrieb ausgebrütet wird.

Die Lebensart der Albatrosse hat immer wieder Tierforscher beschäftigt. So schrieb der Basler Zoologe David Senn ein engagiertes Büchlein «Zur Biologie der Albatrosse». Neben detaillierten Ausführungen zum Segelflug finden sich hier wahre Lobeshymnen auf die zwischengeschlechtliche Partnerschaft. Ob allerdings Aussagen wie «ihre Beziehung ist wesentlicher und dialogischer als beim Hahn, wo sich die Henne einer Vergewaltigung zu beugen hat», oder «solchermassen gelebte Paarbeziehung muss für Albatrosse ein grosses Erlebnis sein» für einen Tierforscher statthaft sind, darf bezweifelt werden. Nüchterner schildert der Holländer Frans Lanting seine Begegnungen mit dem Albatros. Der Forscher hat mehrere Monate auf dem Midway-Atoll verbracht, einer Inselkette westlich von Hawaii, wo jeweils im Spätherbst einige hunderttausend Laysan- und Schwarzfuss-Albatrosse zu brüten beginnen. Kurios ist der Umstand, dass die US-Navy auf einer der Inseln seit dem Zweiten Weltkrieg eine grosse Luftbasis betreibt. Nach häufigen Zusammenstössen von startenden und landenden Maschinen mit Albatrossen entschloss sich damals das Militär zum Endkampf: Nachdem eine Abschreckung mit Leuchtkugeln nichts gefruchtet hatte, wurden mit Nägeln gefüllte Fässer gesprengt und Bodenminen verlegt. Zahlreiche Albatrosse verloren das Leben. Der Grossteil kehrte aber Jahr für Jahr dorthin zurück, wo ihre Vorfahren schon seit Jahrtausenden genistet hatten. Schliesslich kapitulierte die Navy und arrangierte sich mit den beharrlichen Viechern. Nun müssen regelmässig Vögel von der Landebahn getragen werden; Verkehrsschilder warnen vor Albatrossen auf der Strasse, auf dem Golfplatz gilt das Tier als «reguläres Hindernis», und der Rasenmäher kann dicht hinter den Schwanzfedern vorbeirattern, ohne dass der Stoiker auch nur den Kopf dreht.

Eines Tages bauten die Amerikaner auf dem Albatrosgelände eine Kapelle. Worauf im nächsten Herbst jener Vogel, der sein Nest im Vorjahr an dieser Stelle hatte, an genau gleichem Ort inmitten der Kapelle brütete.

Rendez-vous im Kuhfladen

Auf Wanderungen ist der Kuhfladen eher lästig. Feuchtglänzendfrisch kann er das Gehen leicht zur Rutschpartie machen; als trockene Scheibe liegt er noch immer unangenehm im Weg. Geradezu subversiv sind jene Fladen, die trocken scheinen, im Innern aber noch flüssig sind: Sie locken zum sorglosen Tritt – und zieren dann den Hosenboden mit jener Bräune, die für den Rest des Tages Schadenfreude garantiert.

Für den Bauern sind Kuhfladen eine gute Sache. Sie düngen die Wiesen; in baumlosen Gegenden sind sie wertvoll als Brennmaterial. Kuhfladen stellen für manche Lebewesen sogar die Existenzgrundlage dar. Kaum liegt der dampfende Brei auf dem Boden, setzen sich die ersten Fliegen der Gattung *Scathophaga* (Kot-Esserin) darauf. Sie legen Eier auf den Fladen; die nährstoffreiche Unterlage dient dann den Maden als Kinderstube und Nahrungsquelle. Auch ein Jagdrevier ist der Kuhfladen. Die Kotfliegen fressen die kleinen, schwarzen Dungfliegen, die ebenfalls hier ihren Nachwuchs deponieren wollen. In vielen verschiedenen Arten kreuzen ausserdem Mistkäfer auf. Und bei all dem Insektenbetrieb ist der Kuhfladen auch noch beliebter Treff für weitere Wirbellose sowie für Mikroben, was wiederum den Insektenmaden zusätzliche Leckerbissen verschafft.

So trivial also der Kuhfladen in der Landschaft erscheinen mag, er ist ein Ort grösster biologischer Mannigfaltigkeit.

Die Insekten sind nicht nur Profiteure. Mit ihrer Bohr- und Fressarbeit zerlegen sie den Kuhfladen und machen ihn für die Pflanzen nutzbar. So kehren die von der Kuh nicht verwerteten Stoffe in den Biokreislauf zurück. Wie subtil ein solches ökologisches Zwischenglied funktionieren kann, mussten die australischen Viehzüchter erleben. Bereits im 18. Jahrhundert hatten englische Siedler Kühe aus Europa mitgebracht – an die dazugehörenden Mistfliegen und -käfer dachte niemand. Ein Fehler, der im Laufe der Jahrzehnte zur Katastrophe wurde. Denn die in Australien heimischen Dungkäfer waren an die kleinen, trockenen Kotballen der Känguruhs gewöhnt und konnten mit den feuchten Rinderfladen wenig anfangen. Die Kuhfladen blieben immer zahlreicher im Gras liegen – um 1980 produzierten 35 Millionen Rinder gegen eine halbe Milliarde neuer Fladen pro Tag. Den Kuhfladen als günstige Brutstätte entdeckt hatten mittlerweile aber zwei blutsaugende Fliegenarten. Sie vermehrten sich mangels Konkurrenz in den Fladen massenhaft und wurden für Mensch und Vieh zur Landplage. Australien packte das Übel an der Wurzel. Wissenschafter suchten weltweit nach Mistkäfern, die sowohl den Rinderdung als auch das trockenheisse Klima der australischen Viehzuchtgebiete schätzen. Sie wurden in Afrika fündig, wo es dank der Vielfalt an Pflanzenfressern Tausende von kotverwertenden Käferarten gibt. Man züchtete über vierzig dieser Mistkäferarten und setzte sie auf den australischen Viehweiden im grossen Stil frei. Gut zwanzig Arten haben sich mittlerweile etabliert und das Kuhfladenproblem endlich gelöst.

Und die Schweizer Kuhfladen? Am Zoologischen Museum der Universität Zürich interessiert man sich seit längerem für die Kuhfladenfauna. 1990 untersuchte Anita Wilhelm im Rahmen ihrer Diplomarbeit im Tessin das Wirken der verschiedenen Kuhfladengäste. Zusammen mit ihrem Diplomvater, dem Ökologen Paul Ward, publizierte sie 1994 die Ergebnisse. Etliches, was Kuhfladenforscher schon anderswo gefunden oder vermutet hatten, wurde im Tessin bestätigt. So legen die Fliegen ihre Eier möglichst bald in die oberste Schicht des frischen Fladens. Hat sich nach wenigen Stunden die Oberfläche verkrustet, ist die Chance für das Eierverstecken vorbei.

Anders die Käfer. Sie können sich auch durch die Kruste graben und deponieren ihre Nachkommen tief im Innern des Fladens. Mit ihrem Buddeln und Bohren versehen die Käfer den Kuhfladen mit zahlreichen Lüftungsschächten, was der ganzen Larvengesellschaft den lebensnotwendigen Sauerstoff bringt. Fehlt die Insektengemeinschaft, fehlen auch die zersetzenden Prozesse. Die Kuhfladen bleiben jahrelang auf der Wiese mehr oder weniger intakt liegen und hindern das Gras am Wachsen. Dies hatte man nicht nur am Beispiel der Rinder in Australien erlebt. Vielerorts werden an Weidetiere routinemässig Mittel gegen Parasiten verfüttert. Im Kot während mehrerer Wochen ausgeschieden, tötet das Antiparasitikum auch die Larven der dungbrütenden Fliegen und Käfer.

Neue Erkenntnisse ergaben die Zürcher Arbeiten, was die spezifische Rolle der Fliegen und der Käfer in der Kuhfladenökologie betrifft. Dazu wurden aus frischem Rinderdung Kuhfladen einer bestimmten Grösse geformt und auf der Tessiner Versuchswiese ausgelegt. Mit verschiedenen Anordnungen feinmaschiger Gitter hielt man entweder nur die Fliegen oder nur die Käfer oder beide Insektengruppen vom Fladen fern. Als Vergleich wurden einige der Testfladen der normalen Insekteninvasion überlassen.

Die Ergebnisse waren deutlich: Fliegen und Käfer zusammen liessen innert sechzig Tagen den 2,2 Kilogramm schweren Standardfladen verschwinden. Liess man nur Käfer ans Werk, ging der Abbau zwar in den ersten Wochen etwas langsamer; nach zwei Monaten war aber auch da der Kuhfladen praktisch weg. Fliegen allein arbeiteten wesentlich weniger effizient. Sie reduzierten die Kuhfladenmasse nur halb so schnell wie die Käfer und waren auch nach zwei Monaten mit dem Job noch nicht zu Ende. Die Forscher erklären die Differenz mit dem Löchergraben der Käfer. Durch diese Belüftung kann nicht nur das Wasser schneller aus der Masse entweichen, die effizientere Sauerstoffversorgung lässt auch die Larven und damit die eigentlichen Kotfresser besser gedeihen. Jene Fladen aber, denen weder Käfer noch Fliegen zur Verfügung standen, trockneten lediglich aus, und die organische Substanz war nach zwei Monaten noch unverbraucht.

Bei den raffinierten ökologischen Abhängigkeiten zwischen Kuhfladen und Insekten müsste sich auch das Wirken der Evolution zeigen. Paul Ward hat mit seinen Mitarbeitern entsprechende Hinweise gefunden. Sie sammelten Gelbe Mistfliegen *(Scathophaga stercoraria)* von Kuhfladen auf höher gelegenen Alpweiden sowie von Wiesen im Schweizer Mittelland und testeten dann im Labor, wie sich die Hochlandfliegen und die Tiefländer bei verschiedenen künstlich produzierten Tageslängen und Temperaturen vermehrten. Es zeigte sich, dass die unterschiedliche Natur in der Tat entsprechend angepasste Mistfliegen selektioniert hatte. Schlüpfte bei 20 Grad Celsius Umgebungstemperatur und 15 Stunden Tageslicht bei beiden Fliegentypen gleich viel Nachwuchs, fiel bei 15 Grad und 12 Stunden Tageslänge die Schlupfrate der Hochlandtiere im Vergleich mit den Tiefländern deutlich zurück.

Die Erklärung: Die 15 Grad und 12 Stunden entsprechen in den Hochlagen etwa dem Septemberklima. Da aber im September im Hochland mit baldigen Frösten zu rechnen ist, haben Fliegenpuppen durch natürliche Selektion «gelernt» bei solch heiklen Aussichten nicht mehr zu schlüpfen. Anders die Tiefländer, die auch im September noch mit guten Aussichten ihr Fliegenleben beginnen können. Das Laborergebnis bestätigt sich in der freien Natur, wo im Gebirge die Gelbe Mistfliege nur von Juni bis September, im Tiefland jedoch von April bis November anzutreffen ist. Im Juli und August allerdings machen sich die Mistfliegen im Tiefland rar, weil ihnen dann wohl das Klima zu heiss wird. Dieser Sachverhalt liess sich ebenfalls im Labor nachvollziehen, indem eine Erhöhung der Temperatur von 20 auf 25 Grad die Schlupfraten deutlich sinken liess.

Der Kuhfladen ist auch Ort des Geschlechterkampfes. Kaum liegt der duftende Fladen auf dem Boden, sausen die Männchen der Gelben Mistfliege herbei. Und warten auf die Weibchen, die zum Fladen kommen, um ihre Eier eins nach dem andern zu legen. Die Männchen kopulieren sofort mit den Weibchen und lassen die Partnerin nicht los, bis alle Eier gelegt sind. Das Schäferstündchen verläuft jedoch alles andere als friedlich. Konkurrenzierende Männchen versuchen immer wieder, den Liebhaber von seiner Braut zu vertreiben, um selber zum Zug zu kommen. Beim Liebesgerangel haben indes nur grosse Männchen eine Chance; die kleineren hängen in der Umgebung des Kuhfladens herum, in der Hoffnung, allenfalls ein Weibchen unterwegs zu erwischen.

Paul Ward und weitere Forscher untersuchten das Verhalten der Fliegenfrau genauer. Und es zeigte sich, dass sie nur scheinbar die männlichen Interessen passiv zu akzeptieren hat. Das Weibchen kann den Samen früherer Kopulationen längere Zeit im Körper speichern und dann auf dem Kuhfladen die Eier während des Legens sowohl mit dem neuen Samenangebot wie mit dem alten Vorrat befruchten. Um nun gezielt den Samen eines grösseren (und deshalb genetisch tüchtigeren) Männchens bevorzugen zu können, verfügt das Fliegenweibchen über drei verschiedene Samenvorratskammern, die es mit Muskelbewegungen so füllen und entleeren kann, dass ein bevorzugter Samen für die Befruchtung eher bei den Eiern ist als das zweitrangige Angebot.

Fische mit Laternen

Wer mit der Taucherbrille im Korallenriff seinen Kopf unter Wasser steckt, sieht im Funkeln der Sonnenstrahlen die wundersamsten Formen und Farben. Wagt man sich weiter in die Tiefe, wandelt sich die Farbenvielfalt allmählich zum allumfassenden Blau. Denn der Wasserkörper verschluckt schon nach wenigen Metern die langwelligen roten und gelben Farben. In noch grösserer Tiefe absorbiert der gigantische Blaufilter auch noch das restliche Licht – im Meer herrscht immerwährende Nacht.

Die Geheimnisse der Tiefsee waren dem Menschen lange Zeit verborgen. Bis bemannte Tauchboote und ferngesteuerte Roboter mit Videokameras die Zonen bis tausend Meter und noch tiefer erschlossen. Was die Wissenschafter der Meeresforschung dabei zu Gesicht bekommen, sprengt jede zoologische Phantasie. Da schwimmen im Scheinwerferlicht schwarze Teufel mit schrecklich spitzen Zähnen. Da treiben schwabbelige Riesenviecher mit meterlangen Tentakeln durch das Dunkel. Die spitzen Zähne sind Ausdruck des allgegenwärtigen Fressens und Gefressenwerdens. Denn in der Tiefe gibt es keine Nahrungspflanzen, und den Tieren bleibt ausser dem Nieselregen abgestorbener Biomasse von oben nur die mörderische Jagd nach andern Tiefseebewohnern. Und weil hier die Schwerkraft keine Rolle spielt und der Körper weder Schutz gegen Ecken und Kanten noch einen Hautfilter gegen die Sonnenstrahlen braucht, besteht die Hälfte der Tiefseefauna aus durchscheinenden Gallert-Tieren.

Am eindrücklichsten ist wohl das biologische Leuchten. In Meerestiefen unterhalb 700 Metern besitzen 90 Prozent aller Lebewesen ihr eigenes Licht. Mit solcher Biolumineszenz gehen sie auf Jagd, wehren und tarnen sich, locken zum Liebesspiel. Staatsquallen sind bis zu 40 Meter lange Gebilde aus Tausenden assoziierter Polypen. Wie ein riesiger Christbaum treibt der Superorganismus mit funkelnden Tentakeln im Meeresdunkel und lockt mit dem Licht Beute auf die klebrig-giftigen Fangfäden. Licht als Köder nutzen auch die Tiefseeangler. Sie haben einen ihrer Rückenflossenstrahlen zur frei beweglichen Angelrute umgebildet und schwenken an dieser Rute als Köder ein Leuchtorgan hin und her. Will ein Fischchen nach dem leuchtenden «Wurm» schnappen, wird es blitzschnell abserviert. Besonders einfach macht sich die Sache *Galatheathauma*. Dieser Tiefseefisch trägt ein Leuchtorgan am vorderen Gaumen direkt im Rachen. Inspiziert ein anderes Lebewesen den leuchtenden Köder, muss der Jäger nur noch das Maul schliessen.

Man kennt um die 120 verschiedene Arten von Tiefseeanglern, und man findet sie noch in 4000 Meter Tiefe. Die Vielfalt ihrer Angelwerkzeuge ist erstaunlich – von Ruten, die wie ein Riesenfaden den Fisch umschweben, bis zum leuchtenden Bart am Kinn. Auf Angeltour gehen allerdings nur die Weibchen. Denn die Männchen sind Zwerge und hängen sich lebenslang an den Körper der Partnerin. So trägt das meterlange Riesenanglerweibchen am Bauch mehrere nur wenige Zentimeter lange Männchen als ständige Samenreserve. Bei einigen Arten sind die Männchen sogar mit dem Weibchen fest verwachsen; sie besitzen zwar noch eine eigene Kiemenatmung, der Blutkreislauf aber ist wie bei einem Fötus am Weibchen angeschlossen. So muss nur einer in der kargen Tiefsee Nahrung suchen, und auch die schwierige Suche nach Sexualpartnern im Dunkeln entfällt.

Etliche Meeresbewohner wissen sich mit Licht zu wehren. Gewisse Tintenfische stossen bei Gefahr eine Leuchtwolke ins Wasser und machen sich hinter dem Lichtvorhang davon. Tiere aus der Familie der Laternenfische tragen auf der Schwanzwurzel mehrere plattenförmige Leuchtdrüsen, die im Falle einer Bedrohung plötzlich sehr hell aufblitzen und so den Angreifer blenden. Das Verteilungsmuster dieser Blitzlichter ist für jede der 150 Laternenfischarten spezifisch; das Licht dürfte deshalb auch der Arterkennung bei der Fortpflanzung dienen. Ein Schwarm von Laternenfischen hat sogar Kriegsgeschichte gemacht. 1967 im Sechstagekrieg entdeckte eine israelische Nachtpatrouille im Küstengewässer des Roten Meeres ein verdächtiges Leuchten. Als die vermeintlichen feindlichen Froschmänner mit Handgranaten erledigt waren, trieb ein Schwarm zerfetzter Laternenfische an die Wasseroberfläche – die Leuchtorgane noch immer in Betrieb.

Die Laternenfische, und mit ihnen manche andere Bewohner der mittleren Tiefen, tragen ausserdem über die Körperunterseite verteilt zahlreiche punktförmige Leuchtorgane. Schwimmen die Tiere nun in Zonen, wo oben noch schwaches Licht schimmert, lassen sie die Punkte dem Dämmerlicht angepasst leuchten. Die perfekte Tarnung, denn dank dem Lichtmantel sind die Tiere für einen in der Tiefe lauernden Räuber praktisch unsichtbar, während sie sonst als dunkle Silhouette leichte Beute wären. Den Trick haben im Zweiten Weltkrieg englische Bomber benutzt, indem sie am Tag mit Lichterreihen unter Rumpf und Tragflächen flogen.

Im marinen Optikwettbewerb werden auch unterschiedliche Wellenlängen eingesetzt. So sind die meisten Tiefseefische zur Tarnung rabenschwarz. Oder rot, wie viele Krebse und Garnelen. Denn im blaugrünen Licht der Tiefe erscheint Rot ebenfalls als Schwarz und macht die Tiere unsichtbar. Es sei denn, ein Kerl wie der Drachenfisch trage unterhalb des Auges einen speziellen Rotlichtscheinwerfer. Die Sache ist für die rote Beute um so schlimmer, als ihre auf das Meeresblau spezialisierten Sehzellen der Augen das sich nähernde Rotlicht gar nicht wahrnehmen können. Der Drachenfisch aber nutzt sein exklusives Rotlicht vermutlich auch zur diskreten Kommunikation mit seinesgleichen. Da das rote Licht im Wasser jedoch kaum meterweit leuchtet, betreibt der Drachenfisch für Sichtdistanzen bis gegen 20 Meter zusätzliche Blauscheinwerfer.

Solche Leuchtorgane (Photophoren) sitzen wie grosse Bohnen unter dem Augenrand und sind mit ihrem intensiven Biolicht wahre Wunderwerke. Sie bestehen aus einem Hautbecher, dicht gefüllt mit Gewebe aus einzelnen Leuchtzellen. Die Rückwand der Lampe ist oftmals mit Kristallen ausgekleidet und wirkt so als Reflektor. Die Vorderseite des Hautbechers trägt meist eine Sammel- oder Streulinse. Mit einem schwarzen Hautdeckel kann der Fisch die Lampe tarnen, damit aber auch arteigene Signale blinken. Ein Laternenfisch aus dem Indischen Ozean versteckt seine Lampe, indem er sie kurzerhand um 180 Grad nach innen dreht. Geradezu eine Leuchtenkollektion präsentiert die «Wunderlampe», ein in den südlichen Meeren bis in 3000 Meter Tiefe heimischer Kalmar: Das knapp zehn Zentimeter lange Tintenfischchen trägt über den Körper verteilt 22 Leuchtorgane zehn verschiedener Bautypen und erzeugt Licht in vier Farben.

Bleibt noch die Frage, wie denn die Tiere das Licht produzieren. In speziellen Drüsen werden als natürliche Leuchtstoffe Luciferine erzeugt und mit Sauerstoff vermittels des Enzyms Luciferase oxidiert. Das optisch angeregte Oxidationsprodukt geht unter Aussenden von Lichtquanten wieder in den chemischen Grundzustand über. Solches «kaltes Leuchten» verwandelt rund 90 Prozent der gespeicherten chemischen Energie in Licht und ist somit sehr viel effizienter als unsere Glühbirne mit ihrer mickrigen Lichtausbeute von lediglich 5 Prozent der verbrauchten elektrischen Energie.

Manche Tiefseetiere verzichten jedoch auf eigenen lichttechnischen Aufwand – sie lassen leuchten. Sie beherbergen in ihren Lampen Leuchtbakterien, die ihrerseits mit Hilfe von Luciferinen Licht produzieren. Der Wirt bezahlt seinen Gästen die Lichtrechnung in Form von Nahrung und Sauerstoff. Indem er die Sauerstoffzufuhr in die Gästezimmer regelt, kann er die Leuchtorgane gezielt ein- und ausschalten oder die Helligkeit wie mit einem Dimmer steuern. Leuchtbakterien betreiben beispielsweise die Laternen der Anglerfische, wobei an den Angelruten in kleinen Hauttaschen Milliarden von Leuchtbakterien für genügend Licht sorgen.

Das Militär hat sich das Raffinement der Natur zu Nutzen gemacht. Muschelkrebse der Gattung *Cypridina* produzieren in Oberlippendrüsen Luciferin und Luciferase. Werden die Sekrete ins Wasser abgegeben, entsteht eine Leuchtwolke. Die Japaner wussten im Zweiten Weltkrieg die natürliche Lichtquelle zu nutzen: Getrocknet und pulverisiert, gehörte der Muschelkrebs zur Mannschaftsausrüstung. Hatte der Soldat in der Nacht eine Meldung zu lesen, brauchte er nur eine Prise Krebs mit etwas Speichel zu benetzen, um so im Scheine des glimmenden Pulvers diskret arbeiten zu können.

*Die rücksichtslose Pelztierjagd
hat den niedlichen Koala beinahe ausgerottet.*

Der Teddy im Eukalyptuswald

Hunderttausende von Touristen kommen jährlich nach Australien. Und fast alle besuchen einen der vielen Wildparks, wo die herzigen Koalas scheinbar nur darauf warten, an die Brust gedrückt und liebkost zu werden. Für viele Japaner ist die Begegnung mit dem lebendigen Teddybären sogar der einzige Grund für die Australienreise. So sind Koalas zu den wohl wichtigsten Botschaftern des Landes geworden; ihre Präsenz in der Tourismuswerbung wie im Souvenir- und Konsumgütergeschäft ist allumfassend. Dabei gibt es in Australien nur noch zwischen 40 000 und 80 000 Koalas. Fachleute befürchten, dass in den kommenden dreissig Jahren der Koala von der freien Wildbahn verschwinden könnte.

Der Koala trägt den wissenschaftlichen Namen *Phascolarctus cinereus* : aschgrauer Beutelbär. Ein dichtes, weiches Fell, flauschige Ohren, Kulleraugen und seine lustige schwarze Nase prädestinierten das Tier zum Kinderliebling; als «Teddybär» gehört er längst zum internationalen Kuschelinventar. Doch sind sowohl der wissenschaftliche Name wie die Bärenrolle im Kinderzimmer falsch. Denn der Koala ist kein Plazenta-Tier wie der Bär, sondern ein Beuteltier – eine Säugervariante, die ihre Embryonen anstatt in der Gebärmutter in einem Aussenbeutel wachsen lässt.

Die ersten Beuteltiere kamen vermutlich vor 80 Millionen Jahren, als die Kontinente noch nahe beieinander lagen, aus Südamerika über die Antarktis nach Australien. Und als Australien dann vor 45 Millionen Jahren in seine geologische Isolation driftete, erhielten sie hier die Chance, sich zu enormer Artenvielfalt zu entwickeln: von der winzigen Beutelmaus und dem räuberischen Beutelmarder bis zum Riesenkänguruh und zum baumbewohnenden Koala.

Der Koala hatte sich im Laufe der Evolution auf eine Nahrung spezialisiert, die den andern Tieren weder schmeckte noch wohl bekam: die faserigen Blätter der Eukalyptusbäume. Mit 350 Arten gehört der Eukalyptus zur typischen Vegetation der Trockenwälder entlang der australischen Ost- und Südostküste. Die Eukalyptusblätter sind als Tiernahrung wenig attraktiv, weil sie weitgehend aus Zellulose bestehen und nur geringe Mengen an Nährstoffen enthalten. Manche Eukalyptusarten produzieren zudem als Schutz gegen Blattfresser unbekömmliche Phenole und giftige Blausäureverbindungen. Es ist beeindruckend, wie die Koalas mit dem nahrungstechnischen Handicap fertig werden.

Sie haben als Kuriosität einen über zwei Meter langen Blinddarm, in dem spezielle Bakterien siedeln, die dem Wirt die sonst unverdauliche Zellulose aufschliessen und damit wertvolle Nährstoffe verfügbar machen. Diese Vergärung mit Hilfe der Enzyme der Darmbakterien hat den Koalas den Ruf eingetragen, sie hockten den lieben langen Tag besoffen auf den Bäumen. Die Tiere sind jedoch keineswegs alkoholisiert; sie pflegen vielmehr ein schläfriges Verhalten, um so trotz karger Ernährung mit sehr langsamem Stoffwechsel überleben zu können. Wie die Koalas einer Blausäurevergiftung entgehen, ist erst ansatzweise bekannt. So nehmen sie kein Blatt in den Mund, bevor sie nicht sorgfältig am Zweig geschnuppert haben. Höchstwahrscheinlich können die Tiere mit ihren empfindlichen Nasen die je nach Eukalyptusart, Standort und Witterung unterschiedliche Giftigkeit der Blätter beurteilen und somit die stark giftigen Exemplare meiden. Koalas fressen auch gelegentlich Erde, was sowohl den Mineralhaushalt ergänzen als auch Entgiftungshilfe leisten kann. Und vermutlich werden kleinere Giftmengen im Darm selber neutralisiert.

Koalas nutzen etwa 70 Eukalyptusarten, ferner auch Blätter von 30 weiteren Baumarten, etwa Kapok und Akazie. Zur Tagesration von 600 bis 1200 Gramm Blättern gehört aber immer Eukalyptus, denn seine ätherischen Öle sind für das Tier lebensnotwendig. Auch deckt der hohe Wassergehalt der Eukalyptusblätter den gesamten Flüssigkeitsbedarf, was dem Koala den gefährlichen Gang zur Wasserstelle erspart. Die karge Ernährung bestimmt den Lebensstil: etwa 20 Stunden schlafen, 2 Stunden fressen, 2 Stunden Fortbewegung. Für Körperpflege und Gesellschaftsleben bleibt täglich ein Viertelstündchen.

Lieblingsplatz des Koalas ist der Baum. Dort findet er Nahrung, Schutz und Ruhe. Damit es sich in der Astgabel bequem dösen lässt, ist das Fell am Hintern wie ein Kissen besonders dicht. Im Laufe des Tages sucht sich der Koala im Baum das jeweils beste Plätzchen: die wärmende Sonne, den kühlenden Schatten, den frischen Wind oder Schutz vor dem Regen. Und meist nur in der Nacht wagt sich der Koala vom Baum. Mit seinen dolchartigen Krallen klettert er erstaunlich flink auf den Boden, sei es, um einen neuen Nahrungsbaum zu finden, sei es auf der Suche nach einer Partnerin. Da Koalas im Wald weit verstreut auf den Bäumen hocken, hat man geglaubt, die Tiere hätten nur eine rudimentäre Sozialstruktur. Diese Meinung musste in jüngerer Zeit gründlich revidiert werden.

So besetzt und verteidigt ein dominantes Koala-männchen ein Territorium von beispielsweise 30 Hektaren und markiert darin die Bäume mit dem Sekret einer grossen, auf der Brust sitzenden Duftdrüse. Die Rand-zone des männlichen Reviers überlappt mit mehreren kleineren, weiblichen Revieren. Und in diesen Über-schneidungszonen stehen die «Grenzbäume» als Ort, wo sich im australischen Sommer Männchen und Weibchen zur Paarung treffen. In Unkenntnis solcher Struktur haben selbst Koala-Freunde lange Zeit geglaubt, man könne den Tieren den Wald, der dem Strassen- oder Sied-lungsbau geopfert wird, einfach durch Neupflanzungen ersetzen. Der Verlust traditioneller Reviere und Grenz-bäume kann jedoch eine ganze Fortpflanzungsgemein-schaft mit Dutzenden von Tieren ruinieren. Und auch der gutgemeinte Tunnel für die Tiere unter einer stark befahrenen Strasse hindurch ist wenig sinnvoll, denn der Tunnel kann nur gerade von jenem Tier benutzt werden, auf dessen Territorium die Röhre beginnt oder endet.

Nach einer Tragzeit von 35 Tagen wird der Embryo geboren: blind, nackt und weniger als ein Gramm schwer. Den Mutterbauch entlang erschnüffelt sich der rosarote Winzling den Weg von der Geburtsöffnung zum Beutel und saugt sich an der Zitze fest. Indem die Zitze im kleinen Mund schwillt, sitzt das Neugeborene für die nächsten Monate per Druckknopf an der Milchquelle fest. Mit 22 Wochen öffnet der Säugling seine Augen und streckt erstmals den Kopf aus dem Beutel. Und erhält für weitere Monate direkt aus dem After der Mutter als Zusatznahrung einen Brei, der nicht nur Kraft für das Wachstum liefert, sondern auch die lebenswichtigen Blinddarmbakterien von der Mutter auf das Junge überträgt.

Bis zum Ende seines ersten Lebensjahrs bekommt der kleine Koala Brei und Muttermilch und darf auf Mamas Rücken reiten, wo er den heiklen Umgang mit den Eukalyptusblättern lernt. Dabei gewöhnt er sich an eine individuelle Auswahl von knapp einem Dutzend Baumarten – was wiederum jene Leute ins Unrecht setzt, die glauben, man könne Koalas ohne weiteres von einem Wald in einen andern verpflanzen. Die Kinderzeit des Koalas endet, sobald ein neues Geschwister den Kopf aus dem Beutel streckt. Das Junge wird von der Mutter vertrieben und muss sich sein eigenes Revier suchen.

Der «Kultivierung» Australiens durch weisse Siedler sind in knapp 200 Jahren vier Fünftel der Wälder zum Opfer gefallen – und damit ein Grossteil der Lebensgrundlage der Koalas. Noch verheerender war die Jagd. Zwar haben schon vor der Ankunft der Weissen die Aborigines Koalas als Nahrung und Pelzlieferanten genutzt, indem sie auf die Bäume kletterten und sie dort wie Früchte pflückten. Die Neusiedler aber knallten die wehrlosen Fellbündel zu Tausenden von den Bäumen – erst aus purer Schiesslust und dann, weil sie merkten, dass sich die silbergrauen, weichen Koalapelze auf dem Weltmarkt gut verkaufen liessen.

Im Jahre 1908 gingen 57 533 Koalafelle über den Markt von Sydney; 1924 exportierte Australien über zwei Millionen Felle. Mitte der zwanziger Jahre war der Koala in den Bundesländern Südaustralien, Victoria und Neusüdwales auf wenige hundert Tiere dezimiert; grössere Populationen gab es nur noch in Queensland. Nachdem die Regierung von Queensland die Koalajagd erst verboten hatte, gab sie (um in der Pelzbranche Wählerstimmen zu gewinnen) 1927 die Jagd für den Monat August wieder frei. Und in nur 31 Tagen mussten 800 000 Koalas ihr Leben lassen. Die Regierung hatte allerdings die öffentliche Meinung unterschätzt: eine Welle der Empörung ging durchs Land; das Tier wurde 1937 endlich in ganz Australien unter Schutz gestellt.

Hauptverbreitungsgebiet der freilebenden Koalas ist heute die Gegend um Brisbane in der Südostecke von Queensland. Leider ist diese sonnige Küstengegend auch zum Gebiet mit dem höchsten Bevölkerungszuwachs Australiens geworden. So verdrängt nun auch hier die Zivilisation das Wild: Pro Jahr fallen etwa 4000 Koalas den Autos und Hunden zum Opfer oder ertrinken in den Swimmingpools. Seit einigen Jahren bemüht sich die private Australian Koala Foundation um den Schutz der Koalas und informiert die Öffentlichkeit über das wahre Schicksal dieser Tiere. Die Foundation erstellt nun einen Koala-Habitat-Atlas, der sämtliche noch existierenden Wildgebiete kartiert und bewertet. Gestützt auf diese Daten, hofft man Schutzmassnahmen wesentlich gezielter als bisher treffen zu können. Die letzte Chance für den Teddy?

Damenwahl

Im westlichen Kanada übersteht die Rotseitige Strumpfbandnatter den grimmigen Winter in Höhlen in
Gruppen bis zu 10 000 Tieren. Im Frühling verlassen
die Männchen das Nest und warten vor dem Loch.
Kriecht ein Weibchen ans Licht, wird es sofort überfallen,
wobei sich Riesenknäuel von mehreren tausend Tieren
bilden. Bis zu drei Wochen lang wiederholt sich das
Gerangel bei jeder neu auftauchenden Holden. Um
einen Vorteil zu ergattern, wählen einige der Männchen
die Transvestitentour: Sie verströmen den charakteristischen Geruch fortpflanzungsbereiter Weibchen und
machen sich so selber zum Ziel der Rauferei. Was die
Rivalen massenweise zu unnützen und kräftezehrenden
Kopulationen animiert.

Ganz anders die Schwäne. Sie entscheiden sich im
Alter von zweieinhalb Jahren im Winterquartier für
einen Partner – und bleiben einander ein Leben lang
treu. Das Paar wählt ein Brutrevier und verteidigt es
gemeinsam gegen jede Konkurrenz. Gebrütet wird
meist nicht vor dem vierten oder fünften Lebensjahr,
denn die Erfolgsaussichten sind für unerfahrene Eltern
eher schlecht: Bei dreijährigen Zwergschwänen werden weniger als 5 Prozent der Jungen flügge; acht-
jährige Eltern bringen es auf nahezu 90 Prozent. Ein

Bei der Birkhahnbalz versuchen die Hähne
den Hennen mit Tänzen zu imponieren.

Schwanenpaar brütet bis zu 15 Jahre hintereinander. Verliert ein Schwan seinen Partner durch Tod und geht er eine neue Verbindung ein, fällt die Fortpflanzungsrate wieder auf das tiefe Niveau der frühen Jahre. Für eine hohe Fortpflanzungsrate scheint bei den Schwänen also Erfahrung und gegenseitige Unterstützung unerlässlich, weshalb hier der Selektionsdruck Partnertreue fördert.

So unterschiedlich nun die Paarungsanarchie der Strumpfbandnatter und die Monogamie der Schwäne erscheinen mögen, es sind lediglich Varianten des immer gleichen Wettbewerbs: Jedes Lebewesen hat das natürliche Ziel, seine eigenen Gene weiterzugeben. Je mehr Kinder die Geschlechtsreife erreichen, desto erfolgreicher waren die Eltern. Dabei bleiben Männchen und Weibchen, trotz scheinbarer Harmonie, Konkurrenten. Denn für das Individuum zählen weder Familiensinn noch das Weiterkommen seiner Art, sondern nur das Überleben der individuellen Gene.

Ein Hauptinteresse der Zoologen galt schon früh der Frage, wie denn bei solchem sexuellen Egoismus die Tiere ihre Partner wählen. Typisch scheint das Bild des Platzhirsches, der mit Gewalt die Rivalen vertreibt, um dann als Pascha seinen Harem zu geniessen. Warum haben dann aber die Männchen zahlreicher Arten es nötig, mit prächtigen Schwanzfedern, verschwenderischen Farbmustern oder hoher Gesangskunst zu renommieren, wo doch solcher Prunk beim Kräftemessen unter Artgenossen nichts bringt und im generellen Überlebenskampf sogar nachteilig ist?

Darwin hatte vor über hundert Jahren eine Erklärung parat: «Ich sehe keinen Grund, daran zu zweifeln, dass Weibchen einen deutlichen Einfluss auszuüben vermögen, wenn sie über Tausende von Generationen die Männchen mit den wohlklingendsten Gesängen oder die schönsten unter ihnen auswählen.» Die Damenwahl passte damals allerdings schlecht ins Weltbild der Zoologen, die fixiert waren auf den röhrenden Hirsch und das Krachen der Geweihe rivalisierender Steinböcke im Kampf um die brav wartenden Weibchen.

Überzeugende Beweise, dass bei vielen Vögeln und Fischen und selbst bei manchen Säugern die Weibchen weit eher ihre Männchen wählen als umgekehrt, erbrachten erst die Experimente der Verhaltensforschung. Beliebtes Versuchsobjekt sind die Schwänze der Männchen. Der afrikanische Hahnschweifwida gehört zu den Webervögeln und lebt im offenen Grasland Kenyas. Im Gegensatz zu den schlichten, graubraunen Weibchen sind die Männchen pechschwarz und tragen einen prachtvollen, 50 Zentimeter langen Schweif. Das Männchen versucht jeweils mehrere Weibchen zum Brüten in sein Revier zu locken, indem es in niedrigem, schleifenförmigem Flug mit betont langsamen Flügelschlägen und wehendem Schwanz über das Gras rauscht.

Die Forscher wählten eine Reihe von Männchenrevieren, wo sich jeweils etwa gleich viele Weibchen ihre Nester gebaut hatten. Vor der nächsten Brutsaison kürzten sie einigen der Männchen den Schwanz auf

14 Zentimeter; einer zweiten Gruppe wurde der Schwanz mit zusätzlichen Federn auf 75 Zentimeter verlängert. Das Ergebnis war eindeutig: Die neu ankommenden Weibchen bevorzugten im Verhältnis 4:1 die langschwänzigen Männchen gegenüber den Rivalen mit gekürztem Schwanz. Versuche mit Guppys, Süsswasserfischen aus Trinidad, sowie mit Rauchschwalben erbrachten ebenfalls eine Vorliebe der Weibchen für langschwänzige Partner.

Die Biologen sind sich einig, dass es wohl kaum ein Sinn für Ästhetik sein kann, der Weibchen den langen Schwanz, das bunte Kleid, das schöne Lied wählen lässt. Solche Attribute müssen vielmehr Signale für männliche Qualitäten sein, die dem Lebensziel des Weibchen nützen: eine möglichst zahlreiche und tüchtige Nachkommenschaft. Und in der Tat kopulieren die Weibchen mit den Langschwänzern häufiger als mit bescheidener ausgerüsteten Gesellen, und sie bringen nach der Tragzeit mehr Nachkommen zur Welt. Aber auch die Männchen scheinen die eigene Attraktivität zu kennen: Wird einem Guppy der Schwanz gekürzt, verringert er entsprechend die Intensität seiner Balzbewegungen – als ob er sich der kleiner gewordenen Chance auf Fortpflanzung bewusst geworden wäre.

Wie aber die männliche «Schönheit» mit handfesten genetischen Qualitäten verknüpft ist, wird in Fachkreisen noch immer diskutiert. Plausibel ist unter anderem die Handicap-Theorie: Wenn das Pfauenmännchen in seinen mächtigen Schwanzfächer so viel Energie investiert und die Schleppe das Tier bei der Flucht vor Räubern auch noch behindert, muss es körperlich besonders tüchtig sein. Und je ausgeprägter der Fächer, desto grösser die Tüchtigkeit. Nachdem die weibliche Vorliebe im Laufe der Evolution irgendwann auf dieses äussere Merkmal programmiert worden war, verstärkte sich durch sexuelle Selektion das Merkmal – der Pfauenschwanz wurde immer prächtiger. Andere Theorien verknüpfen etwa die Brillanz eines männlichen Federkleides mit besonders guter Ernährung oder der Widerstandsfähigkeit gegen Parasiten, beides wiederum Zeichen körperlicher Tüchtigkeit.

Weibchenwahl findet sich auch dort, wo scheinbar Machos wirken. Der Ochsenfrosch besetzt im Teich ein Revier von einigen Metern Durchmesser; ein Feuchtgebiet kann so in Dutzende aneinandergrenzender Reviere aufgeteilt sein. Die Männchen kämpfen um ihren Platz mit Brachialgewalt, indem der Stärkere seinen Gegner fünf bis zehn Minuten unter Wasser drückt. Schliesslich sitzen die grössten Frösche an den sonnigsten Plätzen, wo später die Brut im warmen Wasser am besten gedeiht. Da sich das Liebesleben in der Nacht abspielt, sind prächtige Farben und Formen wenig sinnvoll – zur Verführung wird die Stimme eingesetzt. Die Weibchen warten, bis der Männerchor so richtig in Schwung gekommen ist, und wandern dann von Männchen zu Männchen. Gefällt eine Stimme, stupst die Dame den Herrn in die Seite, was dieser bestens zu deuten weiss. Die Weibchen bevorzugen Männchen mit tiefem und lautem Bariton, das heisst die grössten und kräftigsten Tiere. Und sie merken im

Dunkeln sehr wohl, ob eine gleich laut tönende Stimme von einem weit entfernten Prachtsexemplar oder einem näher sitzenden Durchschnittstypen stammt: Je weiter entfernt die Stimme, desto weniger Obertöne, denn die hohen Frequenzen werden von der Luft stärker absorbiert.

Ein ausgeprägter Ort der Damenwahl ist die Balz-Arena. Hier hat die versammelte Männerschar den Weibchen weder ein besonders nahrhaftes Fressrevier noch einen vorteilhaften Brutplatz zu bieten – was zählt, ist pure Männlichkeit. So treffen sich Jahr für Jahr die Birkhähne am selben Ort und machen zuerst die Rangordnung aus. Die stärksten Männchen besetzen das Zentrum der Arena; die weniger tüchtigen müssen mit der Peripherie vorlieb nehmen. Während Wochen werden die Weibchen mit Balztänzen unterhalten, wobei die Männchen im Zentrum am häufigsten und heftigsten imponieren. Da sie sich für die Balz derart ins Zeug legen, müssen sie in den Augen der Weibchen auch die kräftigsten sein. So gibt es im Zentrum laufend Damenbesuch, während weiter aussen die sexuellen Freuden rar sind. Randfiguren bleibt oft nur das Tanzen übrig.

Es stellt sich die Frage, warum ein unterlegener Birkhahn überhaupt beim Tanzspektakel mitmacht. Untersuchungen haben gezeigt, dass, über die Jahre hinweg, ein Randtier sukzessive näher zum Zentrum rückt, während die alten Helden müde werden und schliesslich verschwinden. Das scheinbar sinnlose Mitmachen ist eine Investition in die genetische Zukunft.

Die weibliche Vorliebe für Männerchöre hat möglicherweise das Pfauenmännchen auf einen Trick gebracht. Es fällt nämlich auf, dass die schillernden «Augen» der Pfauenfedern mit ihrem dunkelblauen Zentrum und hellerem Rand wie ein verkleinertes Abbild des ganzen Vogels erscheinen. Der Pfauenhahn spiegelt dem Weibchen vermutlich einen ganzen Chor von Artgenossen vor und lässt beim Radschlagen durch Vibrieren der Federn die imaginären Genossen auch noch tanzen. Der weibliche Applaus für die Vorstellung kommt vollumfänglich dem vermeintlichen Chorleiter zugut.

Die Taufliege wird gut einen Monat alt, ein Regenwurm 10 Jahre. Für die Erdkröte beträgt das Höchstalter 40 und für die Flussperlmuschel sogar 100 Jahre. Methusaleme finden sich unter den verschiedensten Tierarten. So soll es der Stör bis auf 150 Jahre bringen; für den Kakadu werden 100 Jahre als maximales Alter genannt. Ebenfalls bis zu 100 Jahre alt werden bei den Säugetieren der Esel und die Wale. Langlebigster Säuger ist allerdings der Mensch: 1986 verstarb der Japaner Shigechiyo Izumi im Alter von 120 Jahren. Es geht die Sage, Papageien und Schildkröten könnten mehrere hundert Jahre alt werden. Dokumentiert sind jedoch als Altersrekord nur die 156 Jahre einer Seychellen-Riesenschildkröte.

So eindrücklich solche Höchstalter sein mögen, in der freien Natur erreichen die meisten Tiere nicht annähernd ihr Maximalalter. Krankheit, Hunger und die scharfen Zähne der Feinde beenden das Tierleben in der Regel früh. Und es ist noch kein Jahrhundert her, als auch für den im Prinzip langlebigsten Säuger die durchschnittliche Lebenserwartung weniger als 50 Jahre war. Bessere Hygiene und medizinischer Fortschritt lassen jetzt Homo sapiens in den Industrieländern im Durchschnitt doch zwischen 70 und 80 Jahre alt werden.

Ähnlich profitabel ist der Schutz vor Krankheit und Gefahr auch für die Haus- und Zootiere, denn sie leben in menschlicher Obhut zwei- bis dreimal länger als die Artgenossen in freier Wildbahn. Ob das inszenierte Dasein die Veteranen nun glücklicher macht, ist eine andere Frage. Denn natürliches Ziel jedes Lebens ist das Weitervererben der eigenen Gene – alles, was nach der Hochzeit kommt, ist Dreingabe. In dieser Hinsicht ihren Lebenszyklus optimiert haben die Pazifischen Lachse, die nach jahrelanger Wanderschaft im Meer nur zum heimatlichen Flussbett zurückkehren, um dort nach fulminantem Laichgeschäft zu sterben.

Bei aller Zufälligkeit der Lebensspanne des Individuums zeigen doch die Beobachtungen ein potentielles Höchstalter, das für die jeweilige Tierart spezifisch ist. Vergleicht man die Höchstalter der Säugetiere miteinander, ergeben sich erstaunliche Zusammenhänge: Je grösser die Tierart, desto älter wird sie. Mit wachsender Körpergrösse aber kleiner wird die Stoffwechselrate (der gesamte Energieumsatz geteilt durch die Körpermasse), denn das Verhältnis Körperoberfläche zu Körpervolumen (und damit der Wärmeverlust) verringert sich mit wachsender Körpergrösse. Multipliziert man nun diese Stoffwechselrate mit dem maximalen Lebensalter, ergibt sich für die meisten Säugetiere, von der Maus bis zum Elefanten, die gleiche Zahl von etwa 220 Kilokalorien pro Gramm. Es ist, wie wenn jede Tierart dasselbe Kapital an «Lebensfeuer» zur Verfügung hätte – lebt das Tier körperlich intensiver, ist das Guthaben schneller verbraucht.

Solches zeigt sich auch im unterschiedlichen Rhythmus von Puls und Herzschlag. Schlägt das Mausherz pro Minute 500mal (ohne Katze in der Nähe), tickt es bei der Kuh noch 50- und beim Wal 15mal. Und alle Säuger nehmen pro vier Herzschläge einen Atemzug. Hochgerechnet auf die maximale Lebensdauer, ergeben sich wiederum verblüffend konstante Gesamtbilanzen von 200 Millionen Atemzügen und 800 Millionen Herzschlägen, bis die Lebensuhr des Säugetiers abgelaufen ist. Wenn der Leser jetzt nachrechnet und mit Schrecken feststellt, dass er eigentlich schon lange tot sein müsste, kann ihn der Hinweis beruhigen, dass der Mensch mit seinem Maximalalter von 120 Jahren massiv aus der Reihe tanzt: Körpergrösse wie Stoffwechselrate sollten ihn im Säugervergleich höchstens 40 bis 50 Jahre alt werden lassen. Der dem Menschen genetisch (und mit kleinen Abweichungen auch physiologisch) sehr ähnliche Schimpanse wird tatsächlich kaum älter als 50. Wie es unsere Vorfahren im Laufe der letzten paar 100 000 Jahre geschafft haben, die maximale Lebensspanne derart stark zu erweitern, ist eine noch offene Frage. Sie dürfte mit dem Trend zusammenhängen, die körperliche Entwicklung zu verzögern, um länger jugendlich und somit lern- und anpassungsfähig zu bleiben.

Wir haben uns daran gewöhnt, die Zeit als ein absolutes Mass zu nehmen. Die unterschiedliche Lebensspanne der Tierarten lässt aber an verschieden schnelle biologische Uhren denken. Betrachtet man die einzelnen Abschnitte im Leben der Tiere, sind sie entsprechend der maximalen Lebensdauer proportioniert. So durchläuft der Zebrafink seine embryonale Phase in neun Tagen, während der Königsalbatros dafür 90 Tage braucht. Man kann spekulieren, dass der Maus ihr hurtiges Erdendasein gleich lang vorkommt wie dem Flusspferd seine gedehnte Behäbigkeit. Die sensationelle Entdeckung, dass Buckelwale Lieder singen mit einer Gesamtlänge von über einer halben Stunde, jedoch ein Vogellied weniger als eine Minute dauert, könnte Ausdruck eines entsprechend unterschiedlich schnellen Lebens und Erlebens sein.

Es besteht kein Zweifel, dass die unterschiedlich lange maximale Lebenszeit der Tierarten genetisch programmiert ist. Wie der Körper nun aber sein Altern steuert, ist noch weitgehend ein Rätsel. Die Molekularbiologen haben sich grosse Mühe gegeben, einzelne Gene zu finden, die den Tod des Individuums programmieren. Die Suche war bisher wenig erfolgreich. Zwar gelang es etwa beim Fadenwurm *Caenorhabditis elegans*, durch künstliche Mutation eines einzigen Gens die durchschnittliche Lebenszeit um 70 Prozent zu erhöhen; die weiteren Untersuchungen wiesen aber eher auf eine indirekte Lebensverlängerung durch Verminderung von Stoffwechselschäden hin.

Heute wird von der Wissenschaft die Hypothese favorisiert, dass die Lebensspanne vor allem durch eine kumulierte Schädigung der Organe definiert wird. Sensibelster Ort scheinen die Mitochondrien zu sein, Mikroteilchen im Zellinnern, die durch Oxidation der Nährstoffe Energie für die biologischen Prozesse liefern. Bei solcher Energieproduktion entstehen als Nebenprodukte freie Sauerstoffradikale wie Superoxid und Wasserstoffperoxid – aggressive Chemikalien, welche die Erbsubstanz der Mitochondrien und weitere Zellteile angreifen. Man vermutet, dass auch beim Menschen Altersbeschwerden wie Parkinson und Alzheimer auf das Konto solcher Mitochondrienschäden gehen.

Natürlich hat der Körper gegen die schädlichen Radikale als Abwehr spezielle Enzyme, sogenannte Antioxidantien, entwickelt. Mit fortschreitendem Alter wird aber die Produktion der schützenden Enzyme geringer. Da die mittlerweile schadhaft gewordenen Mitochondrien ausserdem zusätzliche Mengen freier Radikale liefern, kumulieren die Zellschäden, bis der Organismus schliesslich kapituliert. Untersuchungen an besonders langlebigen Zuchtfliegen haben gezeigt, dass diese über eine ungewöhnlich aktive Version des anti-oxidativen Enzyms Superoxid-Dismutase verfügen.

Liesse sich nun nicht Leben verlängern, indem man die Aktivität der Mitochondrien und somit die Produktion der zerstörerischen freien Radikale drosselt? Bereits vor sechzig Jahren setzten Forscher einen Tierorganismus auf Sparflamme, indem sie Ratten mit einer stark kalorienreduzierten Diät fütterten: Die Tiere erreichten ein um ein Drittel höheres Maximalalter. Mittlerweile haben Versuche an so verschiedenen Spezies wie Einzellern, Wasserflöhen, Spinnen und Fischen gezeigt, dass kalorienarme Ernährung das maximale Lebensalter um bis zu 90 Prozent verlängern kann, wobei allerdings die für einen gesunden Stoffwechsel nötigen Nährstoffe, Vitamine und Mineralien vorhanden sein müssen. Wie die Versuche an Mäusen und Ratten zeigten, bewirkt ausgewogene Schmalkost nicht nur eine markante Lebensverlängerung, sondern auch einen wesentlich verzögerten Verlauf der altersbedingten Veränderungen von Parametern wie Blutzuckerspiegel, Fortpflanzungskapazität, Lernfähigkeit, Immunfunktion sowie der Produktion freier Radikale in den Mitochondrien. Entsprechend verzögert treten Alterskrankheiten wie Krebs, grauer Star, Diabetes und Nierenversagen auf.

In Amerika werden seit 1987 versuchsweise Affen mit etwa 30 Prozent weniger Kalorien als üblich gefüttert. Die Resultate deuten auf eine ähnlich vorteilhafte körperliche Entwicklung hin wie bei den Nagern. Es lässt sich vermuten, dass auch der menschliche Organismus von solchem metabolischen Spargang profitieren könnte. Einen Hinweis liefern die Bewohner der japanischen Insel Okinawa. Dort leben die Leute mit einer recht kärglichen, aber relativ ausgewogenen Nahrung: Der Anteil der Hundertjährigen ist bis zu 40mal höher als auf den andern japanischen Inseln.

Der Vampir holt sich sein Blutmahl
mit subtiler Chirurgie am schlafenden Opfer.

Blut und Tränen

I have nothing to offer but blood, toil, tears and sweat», warnte Churchill am 13. Mai 1940 seine Landsleute. Und die Engländer wussten, dass harte Zeiten bevorstanden. Aber so schlimm Blut und Tränen sein können: für manche Lebewesen bedeuten sie Nahrung und Existenz.

Vom Blut anderer leben die verschiedensten Tierarten. Das Stechmückenweibchen füttert damit seine Brut. Der Blutegel saugt sich im Wasser für einen kräftigen Trunk am fremden Körper fest. Im blutigen Geschäft wohl am tüchtigsten sind die Vampirfledermäuse. In drei Arten kommen sie im tropischen Amerika vor, wobei *Desmodus rotundus*, der Gemeine Vampir, besonders berüchtigt ist: Er lebt ausschliesslich vom Blut anderer Säuger und schätzt auch Menschenblut. Dabei schwächt er nicht nur seinen Wirt, sondern überträgt beim Blutklau auch noch Tollwut. Ein Vampir ist mit seinen 30 Gramm zwar nur eine mittelgrosse Fledermaus. Er bringt es jedoch fertig, in einer einzigen Nacht bis zu 40 Milliliter Blut abzuzapfen – ein ganzes Schnapsglas voll, mehr als sein gesamtes (nüchternes) Körpergewicht.

Um nicht vorzeitig von der Nahrungsquelle verscheucht zu werden, geht der Vampir subtil ans Werk.

Im Schutze der Dunkelheit flattert er im Tiefflug in die Nähe eines potentiellen Blutspenders und legt dann die letzte Wegstrecke flink wie eine Spinne auf dem Boden zurück, indem er seine gefalteten Flügel wie Vorderbeine benutzt. Dann klettert er sachte auf sein Opfer und sucht sich eine besonders warme Stelle, wo Blutgefässe dicht unter der Haut liegen. Mit viel Speichel wird die Hautstelle für den chirurgischen Eingriff präpariert. Blitzschnell trennen die messerscharfen Zähnchen des Vampirs schliesslich ein kleines Hautstück derart professionell heraus, dass das schlafende Opfer die Operation nicht einmal bemerkt. In der Tropennacht feiern die Vampire gleich dutzendweise auf einem einzigen Rind das Blutfest. Mit der enormen Flüssigkeitsmenge im Magen können sie nachher kaum noch fliegen. Sie verfügen deshalb über sehr effiziente Nieren und beginnen meist schon während der Mahlzeit, das im Blut enthaltene Wasser über den Urin wieder auszuscheiden.

Vampire sind jedoch keine Blutsauger. Sie lecken das Blut aus der Wunde oder lassen es vielmehr über eine schmale Rinne in der Zunge in den Schlund fliessen. Damit das rote Bächlein auch schön fliesst, sondern die Fledermäuse mit dem Speichel Plasminogen-Aktivatoren ab, Substanzen, die Blutgerinnsel aufzulösen vermögen. Die Vampire gehen also mit ihren Lieferanten insofern ökonomisch um, als sofort nach der Mahlzeit die nicht mehr bespeichelten Blutgerinnsel die Wunde wieder schliessen, während etwa das Hirudin der Blutegel direkt die Blutgerinnung hemmt und somit eine derart präparierte Wunde längere Zeit weiterblutet. Mittlerweile interessiert sich auch die Medizin für diese Vampirstoffe, um so bei Herzinfarkt, Lungenembolien und Schlaganfällen die oftmals tödlichen Blutpfropfen auflösen zu können.

Dass der Gemeine Vampir trotz scheinbarer Ruchlosigkeit eine sehr soziale Ader hat, zeigte der amerikanische Zoologe Gerald Wilkinson mit seinen Studien an Vampirkolonien in Costa Rica. So nahrhaft die Blutmahlzeit auch ist, die Vampirfledermaus kann sich keine grösseren Reserven schaffen. Findet sie mehr als zwei Nächte lang kein Opfer, steht sie an der Schwelle zum Hungertod; sie verliert schon nach 60 nahrungslosen Stunden ein Viertel des Körpergewichts und kann die Körpertemperatur nicht mehr regulieren. Besonders jungen Tieren fehlt oft noch die Erfahrung, die Bisse an den grossen Säugetieren effizient zu setzen und sich beim nächtlichen Treiben nicht erwischen zu lassen.

Wilkinson stellte fest, dass jeweils zwischen sieben und dreissig Prozent einer Vampirkolonie bei Tagesanbruch noch hungrig sind. Den Habenichtsen wird geholfen, indem die erfolgreichen Jäger einen Teil ihres Blutkonzentrats aus dem Magen würgen und dem in der Schlafhöhle kopfüber hängenden Kollegen per Mundkuss einflössen. Dabei wird nicht nur das eigene Junge und der Verwandte bedient, sondern jedes hungernde Mitglied der Kolonie. Die soziale Fütterung zahlt sich insofern aus, als dadurch längerfristig die Überlebenschancen für alle Bewohner der Kolonie verbessert werden. Die Grosszügigkeit ist indes präzise kalkuliert: Nur wer wegen Nahrungsmangel keine 24 Stunden mehr zu leben hätte, erhält einen Blutzustupf. Der Spender gibt dabei aber nur so viel ab, dass ihm selber noch mindestens 36 Stunden und somit zwei Nächte für die Jagd bleiben, bevor er selber in die Krise kommt.

Und Tränen? Die ersten Beobachtungen an Nachtfaltern, die sich bei grösseren Säugetieren am Rande der Augen niederlassen und mit dem Rüssel Tränenflüssigkeit trinken, machten Forscher bereits Anfang des Jahrhunderts. Mittlerweile hat man diese Ernährungsweise an gegen hundert Schmetterlingsarten in tropischen Gegenden von Amerika, Afrika und Südostasien beobachtet, wobei die lacriphagen Schmetterlinge aus so verschiedenartigen Familien wie Spanner, Schwärmer, Zahnspinner und Zünsler oder Eulenfalter stammen. Und während einige dieser Nachtfalter vermutlich ausschliesslich Tränen trinken, erweitern andere ihren Speisezettel mit Schweiss, Urin, Eiter sowie den Bluttröpfchen, welche die Stechmücken oft zu Hunderten auf der Haut ihrer Opfer zurücklassen. Tränenflüssigkeit ist vor allem in trockenen Zeiten und Landstrichen eine nie versiegende Wasserquelle und enthält als Nahrung Leukozyten, Hautzellen und Mikroorganismen.

Der wohl beste Kenner der lacriphagen Nachtfalter ist der Auslandschweizer Hans Bänziger an der Universität von Chiang Mai in Thailand. Seit einem Vierteljahrhundert durchstreift er die Wälder und Hügel Südostasiens von Nordthailand und Südwestchina bis nach Sumatra und Papua-Neuguinea. Bänziger hat dabei etliche Schmetterlingsarten entdeckt und klassifiziert und die Tränentrinker an einer Vielzahl von Huftieren und andern Säugern nachgewiesen, etwa auch an Elefanten. Bei nächtlichen Beobachtungen im Zoo von Chiang Mai fand er tränentrinkende Nachtfalter ausserdem an den Augen von Zebras, Flusspferden, Nashörnern, Giraffen und sogar Känguruhs.

1965 gelang Bänziger der Nachweis, dass Nachtfalter sich auch an menschlichen Tränen laben. Studienobjekt war der Forscher selber, indem er sich viele dutzendmal von den Viechern attackieren liess. So hat er 23 Schmetterlingsarten mit einem Flair für Menschentränen gefunden. Und die vielen Selbstversuche haben im Detail gezeigt, wie die Falter überhaupt zu den Tränen kommen.

Da ist der Zahnspinner *Tarsolepis elephantorum*, der kurzerhand die Klauen seiner Vorderfüsse in die empfindliche Bindehaut des unteren Augenlides haut und dann von diesem Ankerplatz aus seinen Saugrüssel zwischen Lid und Auge schiebt. Die Attacke treibt dem Opfer reichlich Tränen in die Augen, was dem durstigen Falter nur recht sein kann. Der geplagte Mensch kann das Viech mit der Hand wegscheuchen. Ein Rind hat es da wesentlich schlechter. Selbst ein kräftiges Schliessen des Augenlides beseitigt den Störenfried nicht – dank dem langen Saugrüssel bleibt er mit seinem Körper ausserhalb der Gefahrenzone.

Sehr viel angenehmer ist *Microstega homoculorum*. Der Schmetterling scheint Menschen besonders zu mögen, weshalb Bänziger bei der Neuklassifizierung mit der Bezeichnung «homoculorum» den Bezug zum Menschenauge schuf. Vierzig Besuche des eher kleinen Nachtfalters lassen den Forscher geradezu loben, wie sich das Insekt sanft unter das Auge setzt und nur mit seinem dünnen, flexiblen Rüssel das Innere des Lids berührt. So kann das Auge den Tränensauger ohne grössere Irritation ertragen, bis das Tier, nach etwa fünf Minuten satt geworden, weiterfliegt.

Wesentlich dramatischer verlief eine Begegnung mit *Rhagastis olivacea* im August 1990 auf 1450 Metern über Meer in Nordthailand. Mit einer Flügelspannweite von acht Zentimetern gehört dieser Schwärmer zu den grössten Tränentrinkern; sein vier Zentimeter langer, starker Rüssel ragt wie eine Riesenlanze nach vorn. Im Dunkeln der Tropennacht konnte Bänziger das Insekt nicht sehen. Aber er hörte, wie das Tier näher und näher um seinen Kopf schwirrte. Als der Viertelmond durch eine Wolke schimmerte, schwebte der Schwärmer als dunkler Schatten vor dem Gesicht.

Dann fühlte der Forscher, wie sich sachte ein dünner Strohhalm zwischen seine Lippen schob. Nachdem das Tier hier eine erste Portion konsumiert hatte, war das Nasenloch an der Reihe. Die Prozedur kitzelte allerdings derart, dass sich der Forscher wehren musste.

Unverdrossen wagte sich der Schwärmer schliesslich ans Auge. Fortwährend mit raschem Flügelschlag vor dem Gesicht schwebend, legte er die Rüsselspitze zwischen Augenlid und Hornhaut – «ein schmerzloses und überraschend sanftes Gefühl», wie Bänziger die Prozedur beschreibt. Da der Forscher den Schwärmer genauer untersuchen wollte, beendete er das Augenspiel, indem er ein Schmetterlingsnetz kurzerhand über den eigenen Kopf mitsamt Nachtfalter stülpte.

Animalisches Rechnen

Vor hundert Jahren war er der Star im Variété: der kluge Hans. Der Hengst konnte nicht nur Zahlen addieren und subtrahieren, sondern auch einfache Multiplikationen und Divisionen ausführen. «Wieviel gibt vier mal fünf?» fragte ihn etwa sein Herr, der deutsche Schausteller Wilhelm von Osten. Und zum Entzücken des Publikums klopfte der kluge Hans mit dem Huf genau zwanzigmal auf das Holzbrett. «Wieder einmal ist etwas Umwälzendes ausserhalb der organisierten Wissenschaft geleistet worden. Wer mit offenem Sinn und ohne Voreingenommenheit die Wunder geschaut hat, der weiss, dass das Tier menschlich denken kann», schwärmte etwa in Basel der Psychiater Gustav Wolff. Andere Fachleute waren vorsichtiger. So vermutete der junge Berliner Psychologe Oskar Pfungst hinter der Rechenkunst des klugen Hans irgendeine Täuschung.

Der Tierbesitzer war von den rechnerischen Fähigkeiten seines Pferdes derart überzeugt, dass er in eine wissenschaftliche Überprüfung einwilligte. Pfungst kam auf die Idee, das Tier mit Fragen zu prüfen, für die man dem Schausteller absichtlich eine falsche Lösung gegeben hatte. Und prompt produzierte auch der kluge Hans die falsche Antwort. In seinem Buch «Das Pferd des Herrn von Osten» lieferte Pfungst 1907 des Rätsels Lösung:

Immer wenn das Pferd beim Klopfen die richtige Zahl erreicht hatte, machte sein Meister mit dem Kopf einen kleinen Entspannungsruck – das Zeichen für das Pferd, jetzt mit dem Klopfen aufzuhören. Die menschliche Kopfbewegung war derart subtil, dass sie ein Beobachter von blossem Auge nicht bemerkte; offensichtlich war sich auch der Schausteller seiner Zeichensprache nicht bewusst. Messungen ergaben, dass schon ein Nicken von weniger als einem Millimeter genügte, um dem Klugen Hans den Hinweis zu liefern. «Clever Hans» ist zum festen Begriff der Tierforschung geworden; sein Schatten liegt auf jeder Verhaltensstudie, bei denen Menschen als Beobachter anwesend sind.

«Rechnende» Tiere waren lange Jahre für den seriösen Forscher kein Thema mehr. Erst Mitte des Jahrhunderts brach der deutsche Verhaltensforscher Otto Koehler das Eis, indem er experimentell zeigen konnte, dass manche Vögel kleine Zahlenmengen erkennen. So brachte Koehler Tieren bei, aus einer Gruppe von Gefässen dasjenige auszuwählen, das auf dem Deckel eine bestimmte Anzahl Punkte trug. Ein gut geschulter Rabe konnte schliesslich bis zu sieben Punkte unterscheiden, selbst wenn Form und Anordnung der Punkte stark variierten.

Um nicht über den Klugen-Hans-Effekt zu stolpern, arbeitete der Versuchsleiter von einem Nebenraum aus und registrierte das Verhalten des Tieres nur über eine Filmkamera. Mittlerweile gibt es zahlreiche weitere Laborexperimente, die zeigen, dass Ratten, Mäuse, Waschbären, Papageien, Seehunde und Schimpansen kleine Zahlen erkennen. Aber diese Fähigkeit beschränkt sich nicht auf die Laborwelt. Zahlentalent hat sich in der Natur im Laufe der Evolution überall dort etabliert, wo es handfesten Nutzen bringt.

Im Vogelnest liegt eine für die betreffende Vogelart charakteristische Anzahl Eier – der Vogel hat im Laufe der Evolution gelernt, die Eierzahl seinen betreuerischen Möglichkeiten anzupassen. Wie gut das Tier über sein Eierinventar Bescheid weiss, zeigt der störende Versuch: Ergänzt der Vogel zur Brutzeit normalerweise sein Gelege täglich durch ein weiteres Ei, bis die programmierte Zahl erreicht ist, hört er sofort mit Legen auf, wenn man heimlich das Plansoll mit gleich aussehenden Fremdeiern erfüllt. Und nimmt man ihm bereits gelegte Eier laufend weg, fährt der Vogel fast endlos mit der Produktion fort. Bei den Vögeln ist diese Treue zur fixen Zahl wohlbekannt: Bevor der Kuckuck heimlich seine Imitation ins fremde Nest placiert, schubst er eines der hauseigenen Eier über den Rand, damit die Gesamtzahl auch nach dem Betrug noch stimmt.

So eindrücklich solches Registrieren kleiner Zahlenmengen bei Tieren ist, ist es doch kein eigentliches «Zählen». Wie wir aus eigener Erfahrung wissen, lassen sich drei Äpfel auf einen Blick erfassen. Solches intuitives Erkennen weniger Gegenstände funktioniert bis etwa fünf Objekte. Sind grössere Mengen zu erfassen, kommen wir um ein Abzählen nicht herum. Auch akustische Mengen lassen sich als Rhythmus spontan erfassen, und wir singen das «Fiditralala» ohne bewusstes Zählen der Silben.

Dass gewisse Tiere doch mehr können, haben weitere Experimente gezeigt. Bereits uralt ist die Praxis der chinesischen und japanischen Fischer. Sie lassen Kormorane nach Fischen tauchen und trainieren die Vögel, die Beute nicht zu fressen, sondern ins Boot zu bringen. Und dies siebenmal hintereinander; der achte Fisch gehört dem wackeren Vogel. Gut dressierte Kormorane wissen genau, wann sie mit Nummer acht an der Reihe sind, selbst wenn sich das Sammeln der sieben Pflichtfische über einen längeren Zeitraum verteilte. Ein cleverer Rechner ist auch Alex, der Graupapagei an der University of Arizona, der als Sprachkünstler seit zwanzig Jahren Furore macht. Irene Pepperberg brachte ihrem Schützling die Zahlen eins bis sechs bei, indem sie erst mit einer Kollegin in der Nähe des Tieres den einzelnen Zahlenbegriff anhand einer Auswahl von Gegenständen diskutierte und dann den neugierigen Vogel ins Gespräch einbezog. Nach einigem Training war es möglich, dem Papagei in beliebiger Anordnung beispielsweise eine blaue Schachtel, drei grüne Schlüssel, vier grüne Schachteln und sechs blaue Schlüssel zu zeigen und ihn zu fragen: «How many green box?» In über 80 Prozent der Aufgaben gab Alex die korrekte Antwort. Was wohl nur mit Zählen machbar ist, musste er doch erst aus den zahlreichen Objekten diejenigen selektionieren, welche die zwei verlangten Eigenschaften (also «green» und «box» in unserem Beispiel) hatten.

Verblüffend auch die «zählenden Ratten» des Kanadiers Hank Davis. Der Forscher trainierte Ratten, aus einer Auswahl von sechs Holztunnels, die entlang einer längeren Käfigwand aufgestellt waren, beispielsweise im vierten nach Futter zu suchen. Damit das Tier nicht einfach mit der Nase entscheiden konnte, enthielten alle Tunnels Futter; ein interner Mechanismus gab dann aber das Futter nur im jeweils korrekten Tunnel frei. Indem die Abstände zwischen den einzelnen Tunnels entlang der Wand für jeden neuen Versuch geändert wurden, konnte sich die Ratte auch nicht nach einer bestimmten Wegstrecke richten. Schon nach kurzem Training rannten die Tiere nach Betreten des Käfigs umgehend der Tunnelreihe entlang und verschwanden im Tunnel der individuell antrainierten Ordnungszahl. Interessant war die Beobachtung, dass eines der Tiere, dem man die Ordnungszahl «fünftes» beigebracht hatte, erst bis ans Ende der Reihe und dann zurück zum zweitletzten Tunnel lief. Davis vermutet, dass es, anstatt auf fünf zu zählen, das Problem mit Subtraktion (sechs weniger eins) löste.

Einfachste Rechenoperationen liegen offensichtlich auch der rechnerischen Leistung von Sheba zugrunde. Sarah Boysen an der Ohio State University brachte der Schimpansendame bei, eine bestimmte Anzahl von Gegenständen mit der passenden arabischen Ziffer in Zusammenhang zu bringen. So lernte Sheba die Ziffern 0 bis 4. Die Versuchsleiterin liess das Tier im Labor durch drei verschiedene Abteile wandern, wobei in jeweils zwei Abteilen eine bis drei Orangen lagen. Zurück im Arbeitszimmer, musste Sheba aus einer zufälligen Anordnung von Karten mit den Ziffern 0 bis 4 diejenige wählen, welche der Summe der entdeckten

Orangen entsprach. Obschon Sheba bei dieser Schluss-rechnung weder die besuchten Abteile noch die Versuchsleiterin sehen konnte, fand sie bald schon die richtige Lösung. Und das Tier addierte auch korrekt, als in den Abteilen anstatt Orangen nur noch Karten mit den arabischen Ziffern lagen.

Sarah Boysen übte mit Sheba ebenfalls Subtrahieren. Sie setzte das Tier vor einen Tisch mit bis zu vier Orangen. Nachdem die Schülerin die Früchtegruppe betrachtet hatte, wurde eine Kartonschachtel darüber gestülpt. Nun zog die Versuchsleiterin aus einem Loch an der Rückseite eine der Orangen, zeigte sie und deponierte sie dann ausser Sichtweite des Tieres. Nachdem so eine oder mehrere der Früchte aus dem Schachtel-depot entfernt worden waren, musste Sheba auf die Frage: «How many are left?» die korrekte arabische Ziffer wählen. Nicht nur fand die Schimpansin in mehr als 80 Prozent der Aufgaben die richtige Lösung, sie demonstrierte auch ein Gefühl für die Nullmenge, indem sie die Ziffer «Null» wählte, wenn alle der versteckten Orangen entfernt worden waren.

Verglichen mit dem Jonglieren des Homo sapiens mit Laplaceschen Operatoren und hypergeometrischen Differentialgleichungen mögen die mathematischen Fähigkeiten der Tiere bescheiden sein. Sieht man aber, wie hilflos mancher Bürger bei einfachstem Kopfrechnen dreinschaut, wenn der Taschenrechner grad mal streikt, steckt doch in den kleinen Tierhirnen allerhand.

Eine unbequeme Entdeckung

Im 19. Jahrhundert sorgte eine wissenschaftliche Entdeckung für Unruhe unter den Biologen und löste vehemente Reaktionen beim gewöhnlichen Volk aus. Die verschiedenen Arten von Pflanzen und Tieren, dies ihr Inhalt, seien höchstwahrscheinlich nicht vom lieben Gott geschaffen und an ihren Ort gesetzt worden, sondern hätten sich im Laufe der Zeit aus primitiveren Vorfahren entwickelt. Die Aufregung schlug in Hysterie um, als sogar der Krone der Schöpfung das himmlische Label aberkannt wurde. Der Mensch nur noch ein hochspezialisierter Affe – das ging (und geht heute noch) manchen zu weit.

Schon in der Schule haben wir gelernt, dass der englische Gelehrte Charles Darwin die sensationelle Entdeckung auf Galápagos machte, den Inseln westlich von Ecuador, die er im Herbst 1835 auf seiner Weltreise besuchte. Da, fasst Grzimeks «Tierleben» die wissenschaftliche Grosstat zusammen, «entdeckte er unter anderem auch die heute nach ihm benannten Darwinfinken. Durch das Nebeneinander überaus ähnlicher Formen kam er auf den umwälzenden Gedanken von der Veränderlichkeit der Arten und von der Herleitung ähnlicher Arten aus gemeinsamen Ahnenformen.»

Darwin also ein kritischer Geist, der die Natur mit wachem Auge zu beobachten wusste und angesichts der Diskrepanz zwischen Fakten und Dogma der vorherrschenden Gelehrtenmeinung mutig entgegentrat? Wie Politik und Sport hätschelt auch die Wissenschaftsgeschichte ihre Helden und nimmt es mit der Wahrheit nicht immer genau. So war die Geburt der Evolutionslehre keineswegs ein Heureka. Darwin brauchte Jahrzehnte, bis er sich überhaupt getraute, der Fachwelt die revolutionären Gedanken zu präsentieren. Erst 1859 publizierte er mit «On the Origin of Species» die mittlerweile klassische Theorie.

Darwin hatte Theologie studiert und Landpfarrer werden wollen. Sein Interesse für Naturwissenschaften liess ihn an einer fünfjährigen Forschungsreise rund um die Welt auf dem Schiff «Beagle» teilnehmen. Hauptzweck der Reise war die Vermessung der Küste Südamerikas, und die Expedition konzentrierte sich auch während der fünf Wochen im Archipel von Galápagos vor allem auf kartographische Arbeit. Insgesamt besuchte Darwin vier der vielen Inseln, wobei er vorwiegend Pflanzen sammelte. An Bord genommen wurden ausserdem 30 lebende Riesenschildkröten – aber nicht aus wissenschaftlichem Interesse, denn sie landeten auf der Rückreise eine nach der andern in der Kombüse. Dabei hätte die auf den einzelnen Inseln unterschiedliche Form der Schildkrötenpanzer Darwin durchaus stutzig machen können. Jahre später schrieb er, er sei von Inselbewohnern auf die Panzervarianten aufmerksam gemacht worden.

*Die Bedeutung der Riesenschildkröten und der Finken auf Galápagos
als Zeugen der Evolution erkannte Darwin erst sehr spät.*

Auch in den paar Dutzend gesammelten Vogelbälgen erkannte Darwin keineswegs nahe verwandte Arten. Er liess sich von der erstaunlichen Vielgestaltigkeit, vor allem den unterschiedlichen Schnabelformen, täuschen und ordnete die Tiere sogar verschiedenen Familien zu. Zurück in England, suchte Darwin 1837 den Kontakt zu Experten, die sein gesammeltes Material wissenschaftlich bestimmten. Der Ornithologe John Gould erkannte sofort, dass die Galápagosvögel unbekannten Arten zugehörten, die jedoch mit Formen des südamerikanischen Festlandes verwandt sein mussten. Alle waren sie Finkenarten.

Nachdem ein Paläontologe ausserdem die vom südamerikanischen Festland mitgebrachten Fossilien von Riesentieren als Vorfahren heutiger, kleinerer Tierarten interpretiert hatte, fiel bei Darwin der Groschen. Er erkannte, dass in der Natur ein Prinzip herrscht, das im Zeitenlauf aus den vorhandenen Tierarten neue schafft, wobei sich aus einer Vielfalt biologischer Varianten jeweils die am besten an die Umgebung angepasste durchsetzt. Die von Darwin schliesslich postulierte «natürliche Selektion» gilt auch heute noch als Triebfeder der Evolution. Das Gedächtnis des biologischen Wandels, die in jeder Zelle vorhandenen Gene, entdeckte die Forschung allerdings erst viel später.

Darwin notierte seine Gedanken über die «Transmutation der Arten» in mehreren Notizbüchern – eine Publikation getraute er sich nicht.

So vergingen mehr als zwanzig Jahre, bis sich der Gelehrte plötzlich gezwungen sah, seine Entdeckung der Öffentlichkeit zu präsentieren. 1858 schickte der englische Naturforscher Alfred Wallace einen Fachaufsatz an Darwin mit der Bitte, die Arbeit zu kommentieren. Wallace hatte durch Studien an Pflanzen und Tieren im Malaiischen Archipel herausgefunden, dass es eine natürliche Selektion geben muss, die an Nachbarorten, die durch Berge oder Gewässer geographisch getrennt sind, laufend neue Arten und Unterarten entstehen lässt.

Darwin erkannte mit Schrecken, dass er hier die eigene Theorie in Händen hielt – die Lorbeeren waren nur noch mit einem Blitzmanöver zu gewinnen. Einflussreiche Kollegen arrangierten, dass der Aufsatz von Wallace gemeinsam mit einem Aufsatz von Darwin vor der Linnean Society of London verlesen wurde. In einem Gewaltsakt produzierte Darwin jetzt innert Monaten sein längst überfälliges Buch über die Entstehung der Arten. Von den Galápagosfinken steht indes kein Wort drin. Darwin hatte es nämlich auf Galápagos verpasst, die Vogelbälge nach genauem Fundort zu etikettieren, was seine Sammlung als Beweis für eine inselspezifische Entwicklung der Finken untauglich machte. Als Kronzeuge für biologische Anpassung und Veränderlichkeit präsentierte Darwin die domestizierte Taube.

Den Finken auf Galápagos verhalfen andere zum Ruhm. Um die Mitte unseres Jahrhunderts zeigten die Ornithologen David Lack und Robert Bowman, dass die 13 verschiedenen Finkenarten alle von einem Urahnen abstammen müssen, der vor Hunderttausenden von Jahren vermutlich im Sturmwind vom südamerikanischen Festland auf die 1000 Kilometer entfernte Inselgruppe getrieben worden war. Sukzessive besiedelten diese frühen Finken dann Insel um Insel, wobei sie sich an die jeweilige lokale Umgebung anpassten. Da die Galápagosinseln erst vor wenigen Millionen Jahren als Vulkane aus dem Meer emporgewachsen waren, gab es dort nur sehr wenig anderes Tierleben. Die Finken konnten ökologische Nischen nutzen, die auf dem viel älteren südamerikanischen Festland Vertreter verschiedener Vogelfamilien und sogar kleine Säuger besetzten.

So gibt es heute auf Galápagos drei Arten von Bodenfinken mit grossem, mittlerem und kleinem stumpfem Schnabel sowie eine vierte Gruppe mit scharfem spitzem Schnabel, die jeweils an das Fressen von Samen verschiedener Grösse und Härte angepasst sind. Vier Arten leben auf Bäumen, wobei sich eine vegetarisch ernährt und die andern je ihre eigene Insektennahrung konsumieren. Der Laubsängerfink gleicht in Gestalt und Verhalten einer Grasmücke; der Spechtfink sucht sich als Werkzeug ein Stecklein oder einen Kaktusdorn und stochert damit Insekten aus ihrem Versteck. Der Spitzschnabel-Grundfink schliesslich hat gelernt, grossen Seevögeln beim Brüten die Haut zwischen den Federn anzupicken und so als Vampir vom Blut seiner Opfer zu leben.

Dass sich Evolution nicht nur bei Mikroorganismen, sondern selbst bei höheren Organismen direkt mitverfolgen lässt, gehört zu den spannendsten Ergebnissen moderner Feldforschung. Das amerikanische Forscherpaar Peter und Rosemary Grant studiert seit mehr als zwanzig Jahren auf der nur 33 Hektaren grossen Galápagosinsel Daphne Major alle vorhandenen Finken. Um die Einzeltiere zu identifizieren, beringen sie jeden Vogel, was bei den zahmen Tieren problemlos möglich ist. So sammelten sie Informationen über 19 000 Finken während zweier Dutzend Tiergenerationen.

Dabei zeigte sich, dass wechselnde Klimabedingungen, wie sie auf den Galápagos infolge des launenhaften El-Niño-Phänomens der Meeresströmungen auftreten, innert Monaten die Finkenpopulationen modifizieren: Eine Dürre im Jahre 1977 reduzierte den auf Samen angewiesenen Mittleren Grundfinken von 1400 Individuen auf nur noch 200, während der von Kaktusfrüchten lebende Kaktusfink besser über die Runden kam. Beim Mittleren Grundfinken blieben vor allem die Typen mit besonders grossem Schnabel übrig, denn sie allein konnten jetzt die grösseren und harten Samen knacken, nachdem der Vorrat an weichen Samen aufgebraucht war.

Joint ventures im Korallenriff

Was der Verhaltensforscher Irenäus Eibl-Eibes-feldt im Jahre 1954 auf Galápagos beobachtete, versetzte sogar ihn als routinierten Zoologen in Erstaunen. Beim Tauchen in einem Korallenriff machte er neben einem Felsblock Pause. Ein mächtiger Zackenbarsch ruderte aus der dunklen Tiefe herauf und blieb über dem Felsen stehen. Er sperrte das Maul weit auf, als müsste er gähnen, spreizte gleichzeitig die Kiemendeckel ab und verharrte regungslos. Darauf tänzelten zwei schlanke Lippfische daher, die Körperseiten mit auffallendem Streifenmuster geschmückt. Zur Verblüffung des Forschers schwammen die Zwerge dem Raubfisch schnurstracks ins Maul. Sie knabberten am Dach der Mundhöhle herum und stocherten zwischen den spitzen Zähnen nach Speiseresten. Dann schlüpften sie in die Kiemenöffnungen, putzten dort die Wände, befreiten nachher die Aussenhaut von winzigen Krebschen und kehrten für eine Nachsäuberung in den Schlund zurück. Plötzlich schloss der Barsch das grosse Maul – der Beobachter glaubte die Putzequipe verloren. Doch die Klappe ging umgehend wieder auf, und die kleinen Helfer verliessen ungeschoren den heiklen Arbeitsort. Mit einem Kopfschütteln signalisierte der Raubfisch das Ende der Kooperation.

Kaum war der Zackenbarsch im Riff verschwunden, schwebte schon ein zweiter vor den jetzt wieder auf und ab wippenden Lippfischen. Die Reinigungsmannschaft machte sich erneut an die Arbeit.

Was Eibl-Eibesfeldt auf Galápagos sah, war die Allianz zweier höchst unterschiedlicher Partner: Die Raubfische werden von lästigen Parasiten befreit; die Lippfische finden beim Putzdienst ihre Nahrung. Mittlerweile ist diese Symbiose vielerorts in den Weltmeeren beobachtet worden, wobei jeweils ganz bestimmte Stellen in den Riffen als Beauty-Corner fungieren. Die Kundschaft umfasst vom Hai bis zu den Schmetterlingsfischen fast die gesamte Vielfalt der Riffbewohner. «Wir beobachteten, dass sich an solchen Putzerstationen die Fische gelegentlich geradezu drängten. Dicklippen, Barsche, Seebader und viele andere warteten darauf, an die Reihe zu kommen. Und so unverträglich sie an anderen Orten waren, so friedfertig verhielten sie sich hier. Die Putzerstation war gewissermassen Allgemeinbesitz und damit neutraler Grund», fasst Eibl-Eibesfeldt seine Erfahrungen zusammen.

Heute kennt man um die fünfzig Arten von kleinen Fischen, die im Korallenriff grosse Fische putzen. Besonders tüchtig zeigt sich dabei die Meerschwalbe, eine Lippfischart aus dem Indopazifik – sie fertigt innert sechs Stunden bis zu 300 Fische ab.

Damit der Räuber den kleinen Helfer nicht als Beute sieht, braucht es Kommunikation. Die Lippfische bringen den Raubfisch mit tänzelnden Bewegungen und mit ihrem Streifenmuster einerseits dazu, zahm zu sein. Das regungslose Verharren mit weit offenem Maul und gespreizten Kiemendeckeln signalisiert andrerseits dem Putzerfisch die friedliche Absicht des Riesen. Mit dem symbolischen Zuklappen des Mauls und dem Kopfschütteln markiert der Raubfisch schliesslich das Ende der temporären Zusammenarbeit.

Solch gegenseitiges Verstehen über die «Sprachgrenze» der einzelnen Tierart hinaus ist wohl das Resultat eines langen Lernprozesses im Laufe der Evolution. Die Symbiose zwischen Räuber und potentiellem Opfer konnte sich nur etablieren, weil beide Seiten den spezifischen Signalen vertrauen konnten.

Aber wie so oft in der Natur stört auch hier ein Falschspieler das traute Miteinander. Getarnt mit der blau- schwarzen «Putzertracht» der Meerschwalbe und gleich wippend schwimmend wie diese, nähert sich der Säbelzahn-Schleimfisch *Aspidontus taeniatus* den grossen Fischen. Während diese nun brav Maul und Kiemen für die Behandlung öffnen, stösst der Giftzwerg blitzschnell zu und reisst den Überraschten Haut- und Flossenteile vom Leib.

Subtiles Zusammenleben trotz potentiell gefährlicher Ausrüstung pflegen Fische auch mit gewissen Korallen. Die Seeanemonen sind polypenartige Korallen, die mit einer Fussscheibe am Riff festkleben. Oben am zylinderförmigen, hohlen Körper, sitzt ein Mund, umgeben von einem dichten Kranz fleischiger Tentakel. Die in der Strömung sich schlängelnden Fangarme tragen Nesselzellen. Berührt ein Fisch die Anemone, schiesst sie aus diesen Nesselzellen Tausende Giftkapseln wie Pfeile ab und lähmt das Opfer. Worauf die Tentakel die Beute packen und in den Schlund schieben. Sehr starke Fermente zerlegen die Beute im Magen. Nach kurzer Zeit spuckt der Polyp die unverdaulichen Reste wieder aus.

Ebenfalls im Korallenriff leben die Anemonenfische, kleine Vertreter der Familie der Riffbarsche. Das bunte Kleid mit weissen Querbinden und ihr lebhaftes Gehabe haben ihnen die Bezeichnung «Clownfische» eingetragen. Sie pflegen enge Körpergemeinschaft mit den Seeanemonen, ja sie kuscheln sich geradezu in deren giftige Fangarme. Die Fischchen halten sich immer in der Nähe der gleichen Seeanemone auf. Bei Gefahr ziehen sie sich sofort in den Schutz des Nesselwaldes zurück. Sie schlafen auch dort. Als Gegenleistung säubern sie die Anemone von totem Gewebe, Nahrungsresten und Sand und bringen ihr gelegentlich einen Futterbrocken nach Hause.

Die Anemonenfische verteidigen ihre Schutzgenossin ausserdem gegen jene Fische, denen das Nesselgift nicht viel auszumachen scheint. Es gibt Arten von Schmetterlingsfischen, die unbekümmert Seeanemonen verspeisen. Gerät ein Anemonenfresser aber an ein Exemplar mit Untermieter, wird er von diesem sofort attackiert und in die Flucht geschlagen.

Die Anemonenfische sind auf Gedeih und Verderb mit ihrer Seeanemone liiert. Männchen und Weibchen bleiben jahrelang als monogames Paar auf der Anemone zusammen; die Eier werden am Fuss der Koralle gelegt. Stirbt die Anemone, fallen die schutzlosen Gäste innert Kürze den Raubfischen zum Opfer.

Auf die Frage, warum sich der Anemonenfisch unbeschadet im Nesselwald aufhalten kann, während andere Fische vergleichbarer Grösse durch das Gift umkommen, wussten die Biologen lange keine Antwort. Schliesslich entdeckten sie, dass die Anemone aus Hautdrüsen einen Schleim absondert, der die Nesselzellen am Schiessen hindert und somit das Tier vor Selbstzerstörung schützt, wenn sich die Tentakel gegenseitig berühren. Junge Anemonenfische scheinen das Schutzsekret direkt von der Anemone zu übernehmen, indem sie durch sachte Flossenbewegung ein paar wenige Tentakel ganz sanft touchieren. Der Fisch frischt die Schutzschicht durch den engen Kontakt mit der Anemone laufend auf.

Die Seeanemone als persönlichen Schutzschild nutzen noch andere Bewohner des Korallenriffs. Einsiedlerkrebse schieben ihren weichen Hinterleib in die Öffnung verlassener Schneckenhäuser und ziehen mit diesem mobilen Unterstand durch die Unterwasserwelt. Droht Gefahr, verkriechen sie sich ganz im Schneckenhaus und schützen den Eingang mit ihren Scheren, wie sich Boxer mit dicken Handschuhen den Gegner vom Leibe halten. Trotzdem fallen Einsiedlerkrebse gefrässigen Fischen zum Opfer; Tintenfischen schmecken die Krebse besonders gut. Nicht aber die Anemoneneinsiedler. Sie tragen nämlich auf dem Schneckenhaus zusätzlich eine Mantelaktinie, eine Seeanemonenart. Wo immer dieser Einsiedlerkrebs mit seinem wehrhaften Federbusch auftaucht, verdrücken sich allfällige Räuber.

Die Initiative für die Zweckgemeinschaft scheint hier von der Anemone auszugehen. Sie tastet sich als noch junges Tier mit der Fussscheibe an ein Schneckenhaus heran, das von einem ebenfalls jungen Krebs bewohnt wird. Dann heftet sie sich mit klebrigen Absonderungen an die kalkige Unterlage und bleibt fortan mit ihrem ungleichen Partner zusammen. Ihre Fussscheibe vergrössert sich im Laufe der Zeit und packt das ganze Schneckenhaus ein. Aber auch der Krebs wächst. Dabei wird der Kalk des Schneckenhauses aufgelöst – die Krebswohnung besteht schliesslich nur noch aus der verhornten Fussscheibe der Anemone, die sich wie ein Mantel um den Krebskörper legt. Der Krebs kann sich jetzt nicht mehr vollständig in das Gehäuse zurückziehen; die Mantelaktinie mit ihrem wogenden Tentakelkranz bietet jedoch besten Schutz. So verzichten selbst Kraken nach kurzem Rencontre mit der Giftspritze auf den Leckerbissen in der Röhre. Und was hat die Anemone von ihrem Krebs? Sie hält die Mundöffnung dicht neben den Mund des Geschäftspartners. Und wann immer dieser frisst, fällt auch für sie etwas Futter ab.

Eine Krabbe im Indischen Ozean setzt noch viel direkter auf Anemonenpower. Sie trägt auf jeder Schere eine Anemone und stösst einem Angreifer die Giftwaffe gleich ins Gesicht. Die Krabbe hat sich so sehr an diesen Schutz gewöhnt, dass ihre Scheren die sonst übliche Kraft verloren haben: Sie kann Beutetiere nur noch unter Zuhilfenahme der Beine zerlegen.

Das Leben des Gepards in der Savanne ist ein ständiges Balancieren
zwischen Fressen und Gefressenwerden.

Jäger und Gejagter

Es ist noch dunkel, als Isla Graham mit ihrem Land-rover ins Grasland der Serengeti fährt, im roten Streifen am Osthimmel die Silhouette einer Elefanten-herde, neben einer Schirmakazie wie ein Kandelaber eine Giraffe. Die junge Zoologin aus Schottland beob-achtet seit einem halben Jahr, wie sich der Gepard in der Serengeti mit seinen Beutetieren, aber auch mit den Konkurrenten und Feinden arrangiert. Das von der Londoner Gepardforscherin Sarah Durant Anfang der neunziger Jahre begonnene Programm ist ein weiterer Schritt im zwanzigjährigen Bemühen, das mangelhafte Wissen über die Verbreitung und die Lebensweise des Geparts in der Serengeti zu erweitern. Im 3000 Quadrat-kilometer grossen Studiengebiet sind dem Forscher-team mittlerweile 140 Geparde einzeln bekannt; als Identifikationshilfe dienen die individuell verschiedenen Muster im Fleckenkleid.

Bald flammt die Savanne goldgelb im Morgenlicht; ein frischer Wind jagt Wellen über das Gräsermeer. Auf einem Termitenhügel entdeckt Isla einen ersten Gepard und fährt langsam bis auf zwanzig Meter heran: «Ein Weibchen, etwa sechs Jahre alt, gut genährt», taxiert die Zoologin die Raubkatze und greift nach der Blech-schachtel neben dem Fahrersitz, um dort in den Fotos der Personalakten das Tier zu suchen. Mit einem GPS-Satelliten-Navigationsgerät registriert Isla erst die Position und sucht dann mit dem Feldstecher nach für den Gepard relevanten Tieren. Als potentielle Beute zählt sie 17 Thomsongazellen und ein Warzenschwein, als Konkurrent oder Feind streicht eine Hyäne durchs Gras. Isla wird im Laufe des Morgens auch an Stellen Halt machen und ein Inventar erstellen, wo kein Gepard wartet. Denn nur so lässt sich herausfinden, welche Fauna der Gepard bevorzugt und welche er lieber meidet.

Der Gepard ist nämlich alles andere als ein König. Sein Leben ist ein fortwährendes Balancieren zwischen Fressen und Gefressenwerden. Für den Nahrungserwerb setzt die Raubkatze voll auf die Tempokarte: die Spitzengeschwindigkeit von 120 Kilometern pro Stunde ist ein Rekord für Säugetiere. Er ist nur dank entsprechend angepasster Physiologie möglich. Im 35 bis 65 Kilogramm schweren Körper gibt es kein überflüssiges Gramm Fett. Lange Beine tragen einen schlanken Körper mit hochgewölbtem, kleinem Kopf. Die hohe Schädelwölbung schafft Raum für besonders voluminöse Atemwege, was ein grosszügiges Versorgen des Blutes mit Sauerstoff und damit hohen Energieumsatz ermöglicht. Auch kann der Gepard dank weit gespreizten Pfoten effizient am Boden abstossen, wobei die Krallen, die er als einzige Katze nicht einziehen kann, beim Sprint wie Spikes greifen. So beschleunigt der Gepard vom Stand in zwei Sekunden auf 70 Kilometer pro Stunde – eine Leistung, von der selbst Porschefahrer träumen. Für den unglaublich eleganten Spurt setzt das Tier die Hinterbeine ähnlich dem Hasen weit vor die Vorderläufe. Die äusserst biegsame Wirbelsäule unterstützt die Laufbewegung wie eine gespannte Feder; der lange Schwanz dient als stabilisierendes Seitenruder.

Solche Leistung hat allerdings enge Grenzen. Nach maximal 400 Metern ist der Sprinter hoffnungslos am Limit und muss die Jagd abbrechen, falls er die Beute bis dahin nicht am Kragen hat. Deshalb kann der Gepard nur reüssieren, falls er mindestens auf 50 Meter an die Gazelle herankommt, bevor diese zu fliehen beginnt. So schleicht der Jäger mit tiefem Kopf auf die Beute zu und bleibt reglos stehen, sobald das Tier in seine Richtung blickt. Ist die Distanz günstig, wechselt der Gepard zum leichten Trott, fasst die Sache genauer ins Auge und startet erst zum aufwendigen Spurt, wenn er sich für ein bestimmtes Tier entschieden hat. Dicht hinter der Beute schlägt ihr der Jäger mit der Pranke die Hinterläufe unter dem Körper weg. Sobald das flüchtende Tier stürzt, ist ihm der Verfolger an der Kehle. Die Eckzähne sind jedoch für einen Todesbiss zu klein. Die Raubkatze drückt deshalb mit den Kiefern dem Opfer die Luftröhre zu, was es nach vier bis fünf Minuten endlich erschlaffen lässt.

Das Laufwunder ist allerdings nur in etwa 40 Prozent seiner Starts erfolgreich. Bei 493 in der Serengeti beobachteten Attacken kam der Gepard bei 203 zum Ziel. Aber selbst wenn die Beute tot am Boden liegt, ist der Erfolg noch nicht garantiert. Denn sind in der Nähe Löwen oder Hyänen, vertreiben diese den Gepard von der Beute. Der betrogene Jäger hat mit seinen bescheidenen Waffen und dem relativ geringen Körpergewicht gegen solche Schmarotzer keine Chance – er muss sich schleunigst verziehen, will er nicht das eigene Leben riskieren. So muss der Gepard seine Beute im Wettlauf gegen die drohende Konkurrenz fressen – was jedoch nicht sofort nach der Hatz möglich ist, denn mit 150 Atemzügen pro Minute statt der üblichen 60 und einer durch die Leistungsexplosion auf fiebrige 40 Grad erhöhten Körpertemperatur hechelt das ausgepowerte Tier erst eine Viertelstunde lang am Boden. Dann aber reisst es in aller Hast die besten Muskelstücke aus Bauch, Oberschenkel und Rücken der Beute.

Die Beobachtungen von Sarah Durant und Isla Graham deuten darauf hin, dass Geparden gezielt Gebiete meiden, wo Löwen und Hyänen häufig sind. Diesen Respekt konnte man experimentell bestätigen: Geparden verdrückten sich sogleich kilometerweit, wenn in ihrer Nähe ab Tonband Löwengebrüll ertönte. Zum Leidwesen für die Geparden sind jedoch die von Löwen und Hyänen frequentierten Gebiete meist auch die Zonen mit den meisten Gazellen. So muss sich der Gepard enorm auf die Socken machen, um alle zwei bis fünf Tage Beute zu finden.

Besonders kritisch ist die Sache für eine Mutter. Geparden sind extreme Einzelgänger. Männchen treffen die Weibchen nur für die Kopulation; die beiden bleiben dann höchstens ein, zwei Tage zusammen. Nach drei Monaten kommen zwei bis fünf Junge auf die Welt, blind und mit 200 Gramm noch recht hilflose Bündel. Die Mutter hat nun den Nachwuchs ohne jede Partnerhilfe viele Monate vor den Feinden zu schützen – neben Löwen, Leoparden und Hyänen schätzen auch Paviane und Adler das zarte Babyfleisch. Alle paar Tage transportiert die Gepardin die Kleinen nach Katzenart im Maul in neue Verstecke. Für den Wurf muss sie fast täglich Beute machen. Schon mit fünf Wochen dann spazieren die Jungen hinter der Mutter her in die Savanne. Bald beginnt auch das Jagdtraining: Die Mutter fängt ein Gazellenkitz und überlässt es lebend den Kleinen.

Mit 18 Monaten ist es schliesslich soweit: Die Jungen sind selbständig geworden und haben eigene Wege zu gehen. Zwar bleibt die Kinderschar noch einige Monate ohne Mutter zusammen; dann separiert sich ein Jungtier nach dem andern von der Gruppe. Nur Brüder bleiben gelegentlich beieinander und bilden eine Jagdgemeinschaft, die dank vereinter Kraft auch grössere Brocken wie Zebras und Gnus überwältigen kann.

Wie hart das Grosswerden für Gepardenkinder ist, zeigt die Tatsache, dass lediglich eines von zwanzig überhaupt erwachsen wird. Ausser Raubtieren droht als allgegenwärtiger Feind auch der Hunger. Nicht selten überlässt die Mutter, wenn sie zuwenig Nahrung findet, die hilflosen Kleinen dem Schicksal, denn es ist für die Gepardin genetisch lohnender, das Aufziehen von Kindern auf hoffentlich bessere Zeiten zu verschieben.

Der Mensch war früher dem Gepard recht wohlgesinnt. Schon im dritten Jahrtausend vor Christus nutzte die bessere Gesellschaft in Mesopotamien die Grosskatze zur Jagd; die Tradition soll sich in Vorderasien,

Nordafrika und Indien bis heute erhalten haben. Dazu wird das Tier mit einer Lederkappe über dem Kopf auf einem Karren in das Jagdrevier gefahren. Sobald sich eine lohnende Beute zeigt, nimmt man dem Gepard die Kappe ab und lässt ihn jagen. Marco Polo berichtete von Mongolenprinzen, die den Gepard auf dem Pferd hinter dem Rücken des Pflegers sitzen liessen und so der Beute entgegenritten.

Die Jagd mit Geparden funktioniert, weil sich selbst im erwachsenen Alter gefangene Tiere rasch an den Menschen gewöhnen und völlig zahm werden. Die Zutraulichkeit des Gepards hat ihn auch früh zum beliebten Gesellschafter werden lassen, wie Bilder von der Grosskatze aus dem alten Ägypten mit Halsband und Leine zeigen. Und im Italien der Renaissance war der elegante «gattopardo» am Fürstenhof fast ein Muss.

Noch im letzten Jahrhundert war der Gepard in Afrika, im Nahen Osten und bis nach Südindien weit verbreitet. Verfolgung durch den Menschen, aber auch steter Verlust an geeignetem Lebensraum haben die Bestände auf vielleicht insgesamt zehntausend Tiere schrumpfen lassen. Heute findet man die Grosskatze relativ dünn verteilt fast nur noch in den Savannen und Steppen südlich der Sahara. Mit 2500 Geparden hat Namibia die grösste Population; in der Serengeti gibt es zwischen 300 und 400 Tiere. In Namibia leben die Geparden häufig auf Weideland, was die Farmer, trotz Schutzbestimmungen, immer wieder zur Flinte greifen lässt. Rücksichtsvollere Rinderhalter integrieren jetzt eine Eselin mit Fohlen in die Herde, denn das beherzte Grautier schlägt jeden anschleichenden Gepard in die Flucht.

Fair und sportlich ist dagegen die Gepardenjagd der Buschmänner in der Kalahari-Halbwüste. Erst rennt ihnen der schnelle Gepard spielend davon. Doch die kleinen Männer folgen dem Tier in beharrlichem Dauerlauf. Bis nach 30 bis 40 Kilometern die Grosskatze mit zahllosen Sprints sich selbst erledigt hat und vor den Speeren der Buschmänner nicht mehr fliehen kann.

*Siebenschläfer (links) und Gartenschläfer (rechts) aus der Familie
der Bilche logieren sich gerne in Häusern und Ställen ein.*

Der Kobold im Tessiner Haus

Ein Sommerferientag im Tessin. Weitab vom Lärm der Talstrasse im Maggiatal steht in einer Waldlichtung der Rustico. Das kleine Steinhaus im Kastanienhain, ursprünglich ein Stall, hat man irgendwann zum Ferienhaus umgebaut. Aber vermutlich schon lange bevor die Familien aus der Deutschschweiz anrückten, hatten es sich andere Gäste in den vier Wänden wohnlich gemacht. Die laue Julinacht ist noch nicht zu Ende, als uns ein Heidenlärm aus dem Schlummer reisst. Direkt am Kopfende des Bettes geht hinter der dünnen Bretterwand die Polonaise durchs Haus. Es rumpelt und quietscht, faucht und zischt. Erst als die Baumwipfel im frühen Sonnenlicht stehen, wird es still.

«Ghiro», erklärt uns lachend ein Einheimischer den Grund des nächtlichen Spektakels; das Wörterbuch liefert die Übersetzung «Siebenschläfer». Das ist aber auch alles, was wir über die Doppelbelegung der Ferienunterkunft erfahren. Bis zu jenem fulminanten Auftritt ein Jahr später in der Gewitternacht.

Wir hatten es uns am Ende eines unfreundlichen Tages am offenen Kamin gemütlich gemacht, wo zwar nicht ein Feuer, aber eine dicke Kerze brannte. Das Licht war bereits aus dem Fensterviereck geschwunden; wir plauderten im Flackerschein. Urplötzlich ein spitzer

Schrei und im Kamin ein Schatten. Dann wurde es stockfinster. Etwas musste aus dem Kamin direkt auf die Kerze gefallen sein. Nach dem ersten Schrecken und nachdem wir den Lichtschalter betätigt hatten, fanden wir die Ursache des seltsamen Geschehens auf dem Türbalken hocken: ein pelziges Wesen, nicht unähnlich einem Eichhörnchen. Mit Kulleraugen starrte es uns an, die fast kreisrunden, kleinen Ohren schräg nach vorne gerichtet. Das Fell schimmerte am Rücken braungrau, wechselte gegen den Bauch zum hellen Silber, und um die Augen trug das Tier wie Nofretete schmale schwarze Ringe. Am langen, buschigen Schwanz aber klebte Kerzenwachs. Eigentlich ein ganz hübscher Kerl, der jetzt nach der verunglückten Klettertour im Kamin wie festgenagelt auf dem schmalen Podest sass. Den Ausweg brachte schliesslich ein Paddel, das wir sachte vom Türbalken zum Kaminsims legten. Nach etlichem Zögern tippelte der Kobold zirkusreif über den schmalen Steg zum Kamin zurück, wo er rasch wieder im dunklen Schlund verschwand.

Allen Leuten ist der Name Siebenschläfer geläufig, nur wenige haben das Tier selber gesehen. Die ausschliesslich nächtliche Aktivität in den Laub- und Mischwäldern, in Parkanlagen, Obst- und Weingärten sowie der Rückzug in ein sicheres Tagesversteck macht das Tier zum heimlichen Wesen. Dabei ist *Glis glis* als grösste und bekannteste Art der Familie der Schlafmäuse (oder Bilche) in fast ganz Europa verbreitet, wo die Tiere vorwiegend in tieferen und mittleren Lagen bis auf 1500 Meter über Meer leben. Im Atlas der

Säugetiere der Schweiz findet man als potentielles Verbreitungsgebiet das ganze Mittelland, das Tessin sowie die tieferen Lagen Graubündens und des Wallis. Tatsächlich beobachtet wurde Glis glis jedoch überwiegend im Tessin.

Auf seinen nächtlichen Streifzügen konsumiert der Siebenschläfer vor allem Samen, Nüsse, Pilze, Beeren und andere Früchte, wobei er Äpfel und Kirschen ganz besonders schätzt. Man hat schon Tiere beobachtet, die ganze Äpfel packten und als Vorrat in das Schlafnest schleppten. Auch holt sich die Schlafmaus gelegentlich Käfer, Schnecken, Vogeleier und sogar Jungvögel. Brehm qualifiziert den Siebenschläfer als ausgesprochenen Vielfrass: «Wenige Nager dürften es dem Bilche an Gefrässigkeit zuvortun. Dieser frisst, solange er fressen kann. Er überfällt, mordet und verzehrt jedes kleinere Tier, das er erlangen kann.» Auch schildert Brehm, wie der Siebenschläfer, etwa in der südlichen Krain (im heutigen Slowenien), die Naturverjüngung des Buchenwaldes durch den Verzehr der Buchenmast arg behindere.

Werden die Tage kürzer, muss sich der Siebenschläfer zusätzliches Fett anfressen, denn er verbringt die kalte Jahreszeit im Winterschlaf. «Winter, dich schlafen wir durch; wir strotzen von blühendem Fette, just in den Monden, wo uns nichts als der Schlummer ernährt», wusste schon der römische Dichter Martial die Überlebenstaktik der Schlafmaus zu würdigen. Das Winterquartier, meist eine selbstgegrabene, frostgeschützte Erdhöhle, bezieht das Tier um den Oktober herum und

erwacht nach sieben Monaten (daher der Name Siebenschläfer) wieder zu neuen Taten. Der lange Schlaf kostet
ihn einen Drittel bis zur Hälfte des Herbstgewichtes von
etwa 120 Gramm. Das Tier kommt auch nur über die
Runden, indem es seinen Energieumsatz im Winternest
drastisch reduziert: Die Körpertemperatur wird von
36 Grad Celsius bis auf wenige Grad gesenkt; das Herz
schlägt statt 450mal pro Minute noch knapp 40mal; die
Pausen zwischen zwei Atemzügen können bis auf
50 Minuten ausgedehnt werden. Nähme man das Tier in
diesem Zustand in die Hand, fühlte es sich kalt, starr und
leblos an. Kaum wieder munter, widmet sich der Siebenschläfer im Frühling der Fortpflanzung. Nach einer Tragzeit von 31 Tagen kommen vier bis sieben Junge zur Welt,
deren Augen sich im Alter von 21 Tagen öffnen. Selbständig werden die Kleinen mit etwa 6 bis 7 Wochen.

Als Feinde kennt der Siebenschläfer Baummarder,
Iltis, Wiesel, Waldkauz, Uhu und Katze. Man fand aber
auch schon einen Siebenschläfer im Magen einer erlegten
Wildsau, die den Bilch vermutlich während seines
Winterschlafs aus dem Boden gebuddelt hatte. Im
«Thierleben der Alpenwelt» schreibt Friedrich von
Tschudi 1858 über die Siebenschläfer: «Gegen ihre
Feinde vertheidigen sich diese Thiere mit hartnäckiger
Tapferkeit und brauchen ihr scharfes Gebiss und ihre
Krallen fertig genug, wenn auch selten mit Erfolg.»
Weit gefährlicher als räuberische Tiere sind für den
Siebenschläfer jedoch kühle, regnerische Sommer, die
nur wenige Jungtiere überstehen. Und in Jahren mit
spärlichen Früchten an den Buchen und Eichen kann

der Siebenschläfer im Herbst oft nicht genügend Fett-reserven anlegen, was zu hoher Wintersterblichkeit führt. In guten Zeiten aber kann der Bilch bis zu neun Jahre alt werden.

Den Tieren wird eine ausgeprägte Ortstreue atte-stiert. So nistet Generation um Generation in der glei-chen Baumhöhle, im Vogelnistkasten oder an ruhigen, dunklen Orten in Gebäuden. Haben sich Siebenschläfer in bewohnten Häusern eingerichtet, fallen sie manchen Menschen durch ihren Lärm oder wegen Schäden an Vorräten, Kleidern oder Möbeln lästig. Als Massnahme gegen Störefriede empfiehlt das Bündner Natur-Museum das Einfangen mit Drahtgitter- Klappfallen und ein Wiederfreilassen etliche Kilometer vom Haus entfernt.

Trotz ihrem schädlichen Verhalten ausgesprochen Gefallen an den Bilchen fanden die alten Römer. «Eichen- und Buchenhaine umgab man mit glatten Mauern, an denen die Siebenschläfer nicht emporklettern konnten; innerhalb der Umgebung legte man verschie-dene Höhlen an zum Nisten und Schlafen; mit Eicheln und Kastanien fütterte man hier die Bilche an, um sie zuletzt in irdenen Gefässen, Glirarien genannt, noch besonders zu mästen», beschreibt Brehm die Betreuung in der Antike. Kennt man die römischen Bräuche, kann man sich den Rest vorstellen: «Nach vollendeter Mästung kamen die Braten als eines der leckersten Gerichte auf die Tafeln reicher Schlemmer.» Die Siebenschläfer gal-ten auch im Tessin als Delikatesse; in Südosteuropa und in Frankreich soll das zarte, weisse Fleisch noch heute seine Liebhaber haben.

Das Wiedersehen mit unserm Tessiner Siebenschläfer etliche Jahre später ist ähnlich überraschend wie die Erstbegegnung. Wir sitzen am Abend auf der Steinbank vor dem Rustico; im Dämmerlicht kurven die Fledermäuse nervös um den Giebel. Plötzlich löst sich ein Schatten von der Dachrinne, schwebt wie Batman einige Sekunden durch den Himmel und landet schliesslich schwungvoll im ausladenden Geäst einer etliche Meter vom Haus entfernten Linde. Der Siebenschläfer! Man hört das Tier noch lange im dunklen Blätterwald rascheln. Am folgenden Abend beobachten wir die Dachkante gegenüber dem Lindenbaum. Fast auf die Minute genau zeigt sich eine Silhouette mit zwei runden Ohren in einer der Lücken zwischen Ziegeldach und Rinne. Der Siebenschläfer nimmt Mass und macht sich einmal mehr auf seine Luftreise.

Besser als sein Ruf

Ahnungslos schwimmt die Lady vor der Küste im erfrischenden Meer. Ein rascher Schatten, ein Schrei, und fort ist sie – gemordet von der Bestie, die unentwegt in den Gewässern nach leckerem Menschenfleisch Ausschau hält. Mit dem Schocker «Der Weisse Hai» landete Hollywood vor zwanzig Jahren einen Kassenhit – und ruinierte das ohnehin angeschlagene Image der Haie gänzlich. Dabei hätten diese Wesen weit eher Bewunderung verdient.

Ein raffiniertes Design macht den Hai zum enorm wendigen Jäger und stellt ihn, was Fressen und Gefressenwerden betrifft, auf die oberste Sprosse der Leiter. Wie die grossen Raubtiere auf dem Lande hat er deshalb in seinem nassen Reich eine wichtige Regulierfunktion. Er eliminiert vor allem schwache und kranke Tiere und sorgt so für Gesundheit im Ökosystem. Und er verhindert mit seiner Jagd, dass sich gewisse Fischarten oder Meeressäuger auf Kosten anderer Meeresbewohner unmässig vermehren. So effizient der Hai seine Beute jagt, für den Menschen ist er selten gefährlich: Von den Millionen Schwimmern und Wassersportlern, die sich im Meer tummeln, werden pro Jahr etwa ein halbes Hundert von einem Hai angegriffen, wobei die meisten der Opfer die Attacke überleben. So weist für das Jahr

1995 eine weltweite Statistik 62 Angriffe mit 11 Todes-opfern aus – der Strassenverkehr forderte im gleichen Zeitraum allein im Kanton Zürich ein Mehrfaches an Menschenleben.

Unter den 350 verschiedenen Haiarten sind nur einige wenige für den Menschen überhaupt gefährlich, neben dem Weissen Hai etwa der Tigerhai oder der Gemeine Grundhai. Diese bis zu sechs Meter grossen Haiarten schätzen als Beute Seelöwen und Robben. Da nun Schwimmer und Surfer in Körpergrösse und Bewe-gungen solchen Meeressäugern recht ähnlich sind, können sie in der trüben Brandung von den Haien für Beute gehalten werden. Die meisten der attackierenden Haie verschwinden nach einem ersten Biss rasch wieder, wie wenn der Räuber seinen Irrtum bemerkt hätte. Denn als Landwesen gehören Menschen nun einmal nicht zum gewohnten Beutespektrum der marinen Jäger.

Deshalb können Sporttaucher auch relativ gefahrlos inmitten von Dutzenden von imposanten Hammerhaien oder Grauen Riffhaien schwimmen. Oder sich sogar dem Walhai, der mit einer maximalen Länge von 18 Metern und einem Gewicht von zehn Tonnen der grösste Fisch überhaupt ist, für einen zünftigen Unter-wasserritt an die Rückenflosse hängen.

Der Hai gehört zu den ältesten Wirbeltieren; er zieht bereits seit 400 Millionen Jahren durch die Welt-meere, bevor noch die ersten Amphibien an Land kro-chen oder Vögel den Luftraum eroberten. Die lange Anpassungszeit an seinen Lebensraum hat der Hai gut genutzt. Die heutigen Modelle überzeugen durch perfekte Stromlinienform. Die wie Flugzeugflügel seitwärts abstehenden Brustflossen verleihen dem Fisch dynamischen Auftrieb; die hoch aufragende Rückenflosse stabilisiert den Flitzer zur Seite hin.

Ein Wunderwerk ist auch die Haut, denn sie ist über und über mit kleinsten Zähnen belegt. In der Tat sind es Zähne, denn die schuppenartigen Gebilde bestehen aus Dentin und sind erst noch mit Zahnschmelz überzogen. So rauh sich nun die Haifischhaut anfühlt (sie wird deshalb auch als Schmirgelpapier genutzt), ihr Reibungswiderstand im Wasser ist kleiner als bei einem glatthäutigen Kleid. Denn die nach hinten gebogenen Zähnchen kanalisieren das vorbeiströmende Wasser auf der Haut zum turbulenzfreien, dünnen Film. Vor einigen Jahren hat man bei einem Airbus die Aussenhaut versuchsweise mit Plasticfolien bedeckt, die ähnliche mikroskopische Strukturen wie eine Haifischhaut trugen. Prompt sank der Luftwiderstand, und der Treibstoffverbrauch reduzierte sich um zwei Prozent.

Einige Haie, etwa der Walhai oder der ähnlich imposante Riesenhai, ernähren sich von Plankton und anderem Kleingetier. Dazu ziehen sie mit offenem Maul durchs Meer und filtrieren mit einem netzartigen Kiemenkorb die Nahrung aus dem Wasser. In der Regel aber sind Haie tüchtig zupackende Räuber mit einem an die bevorzugte Beute angepassten Gebiss. So hat der Tigerhai stark gezahnte, dreieckige Zähne, mit denen er selbst grosse Beute problemlos zerschneiden kann. Eine tiefe Kerbe an der Zahnaussenkante ermöglicht, gleich einem Büchsenöffner, einen Schildkrötenpanzer zu

Wie fast alle Haiarten ist auch der Katzenhai
für den Menschen ungefährlich.

knacken. Die in Bodennähe der Küstengewässer lebenden Glatthaie dagegen verfügen über rundlich abgeflachte Mahlzähne zum Zermalmen der Schalen von Schnecken, Muscheln und Krebsen. Bei allen Haien ist das Gebiss extrem regenerierfähig: Hinter jedem Zahn wartet im Zahnbett eine Kolonne nach hinten geklappter Reservezähne. Geht nun ein Vorderzahn verloren, richtet sich umgehend der dahinterliegende Wartezahn auf und schliesst so die Lücke.

Haie und Rochen sind Knorpelfische. Ihr Skelett besteht nicht wie bei den andern Fischen aus Knochen, sondern aus eher weicher und leichter Knorpelmasse. Die Knorpelfische besitzen auch keine Schwimmblase, mit der sie ihren Auftrieb regulieren könnten. So müssen die Haie Tag und Nacht schwimmen, um nicht in der Tiefe der Meere zu versinken. Oder sie legen sich in Küstennähe auf den Grund. Das Fehlen einer Schwimmblase hat für den Raubfisch einen gewichtigen Vorteil: Da er sich nicht um zeitraubenden Druckausgleich kümmern muss, kann er blitzschnell aus grosser Tiefe zu einer an der Oberfläche schwimmenden Beute hochschiessen.

Da der Hai praktisch keine Feinde hat, kann er sich mit sparsamer Fortpflanzungsstrategie begnügen. Im Gegensatz zu den meisten Meerestieren, die verschwenderisch viele Eier produzieren und diese dann ausserhalb des Körpers im Wasser befruchten, verfügen die Haie über hochentwickelte Fortpflanzungsorgane. So spritzt das Haimännchen mit einem penisartigen Begattungsorgan seinen Samen direkt in den Körper des Weibchens. Damit ihm dies gelingt, packt er mit den Zähnen das Weibchen an einer Brustflosse. Nach stürmischem Liebesspiel trägt die Auserwählte nicht selten am ganzen Körper Bisswunden – wohl mit ein Grund, warum die Haut der Weibchen bis zu dreimal dicker als die der Männchen ist.

Sparsam ist auch der Fortpflanzungszyklus. Der Hai wird erst mit 10 bis 15 Jahren geschlechtsreif, die Schwangerschaft dauert bis zu 22 Monate, und geboren werden jeweils meist nur zwischen zwei und zehn Jungtiere. Während viele der in Bodennähe lebenden Knorpelfischarten Eier legen, entwickeln sich bei den Hochseehaien die Keimlinge im Mutterleib und werden dann lebend geboren. Bei den Heringshaien und beim Sandhai kommen allerdings nur zwei Junge ans Licht, denn in einer Art vorgeburtlichem Kannibalismus verspeisen die grösseren Jungtiere noch im Mutterleib ihre schwächeren Brüder und Schwestern.

Wegen ihrer geringen Reproduktionsrate sind die Haie auf übermässigen Fischfang besonders empfindlich. Schon eine jährliche Ernte von drei bis fünf Prozent der erwachsenen Tiere kann eine Population gefährden. So haben in den letzten zwei Jahrzehnten die Bestände von Tigerhai, Sandtigerhai, Sandbankhai und Düsterem Hai um 60 bis 80 Prozent abgenommen. Etliche weitere Haiarten, etwa Riesenhai, Walhai, Weisser Hai, Heringshai und Schokoladenhai, sind ebenfalls ernsthaft gefährdet. Elf Arten wurden mittlerweile von der Internationalen Naturschutzunion auf die rote Liste der vom Aussterben bedrohten Tierarten gesetzt. Laut einer Statistik der Welternährungsorganisation (FAO) wurden 1994 über

730 000 Tonnen Knorpelfische gefangen, mit Indonesien an der Spitze der Haifischfänger, gefolgt von Taiwan, Indien, Pakistan, den USA und Frankreich.

Der Aderlass dürfte indes noch weit dramatischer sein, denn der Grossteil der Knorpelfische wird nicht gezielt gefangen, sondern geht beim Fang anderer Fische zufällig ins Netz. Vor allem die Hochseefischerei mit ihren riesigen Schlepp- und Treibnetzen und den kilometerlangen mit Ködern bestückten Langleinen holt als Beifang Millionen von Knorpelfischen aus dem Meer. Da das Fleisch der meisten Haifischarten jedoch nur wenig Handelswert hat, wird der unerwünschte Fang als Abfall wieder ins Meer geworfen. Mit skandalöser Praxis: Erst bricht man mit einem Axthieb dem Tier das Rückgrat, damit es nicht mehr zappelt. Dann werden mit dem Messer die in Asien als Delikatesse begehrten Rücken- und Schwanzflossen vom Leib getrennt. Und schliesslich fliegt das stark blutende Tier noch lebend über Bord und versinkt hilflos in der Tiefe.

Solches «finning» hat in den letzten Jahren enorm zugenommen; allein Hongkong importierte 1995 über sechs Millionen Kilogramm Haiflossen. Dabei werden je nach Tierart und Qualität im Detailhandel für ein Kilogramm getrockneter Flossen zwischen 40 und 600 US-Dollar bezahlt. Gefahr droht dem Hai jetzt auch von seiten der Medizin: Aus Haien gewonnenes Squalamin soll antibakteriell sowie antiviral wirken und sogar HIV beseitigen. Als Antikrebsmittel werden Haiknorpelpillen propagiert, die, trotz fehlendem Wirksamkeitsnachweis, in den USA eine gläubige Käuferschaft finden.

Schläft auch der Regenwurm?

Da trippelt unsere Katze zum Kissen beim Kamin, dreht sich ein paarmal eng im Kreis und kuschelt sich endlich für eine beneidenswert lange Siesta in die weiche Unterlage. Ist es zu hell, legt sie eine Pfote vor die Augen. Manchmal schnarcht sie leise. Und gelegentlich zuckt sie mit den Beinen, wie wenn sie eine Maus jagen wollte. Wir sind überzeugt, Mizi schlafe ähnlich wie wir und erlebe allerhand Aufregendes im Traum. Katzen und Hunde mögen schlafen wie wir. Doch wie steht es mit den Vögeln, die über die Ozeane ziehen, oder den Fischen und Meeressäugern, denen auf hoher See das Ruhekissen fehlt? Und schläft die Biene, der Regenwurm, das Bakterium?

«Die Frage nach dem Schlaf der Tiere bedarf keiner undurchsichtigen Vermutung. Dass unter den Landtieren alle, welche die Augen schliessen, schlafen, ist offensichtlich. Dass Wassertiere ebenfalls schlafen, wenn auch recht wenig, glauben selbst diejenigen, welche es bei den übrigen Tieren in Zweifel ziehen. Ja, die Delphine und Walfische hört man sogar schnarchen.» So gab der römische Gelehrte Plinius Secundus in seiner «Naturkunde» Bescheid. Die heutige Wissenschaft ist sich der Sache weniger sicher. Denn so selbstverständlich Schlaf und Traum uns erscheinen, die

118

Der Seebär kann mit jeweils einer Hirnhälfte schlafen und träumen.

Fragen, wie wir schlafen und warum, sind noch weitgehend ungeklärt.

Immerhin verfügt man heute über Möglichkeiten, die Vorgänge im Gehirn mit Messgeräten live zu verfolgen. Ende der zwanziger Jahre befestigten Schlafforscher erstmals Elektroden am Kopf von Menschen und konnten mit solch einem Elektroenzephalogramm (EEG) verschiedene Schlafstadien definieren. Während im Wachzustand Hirnströme mit Frequenzen um die zehn Schwingungen pro Sekunde dominieren, wechselt das Bild nach dem Einschlafen zu immer gemütlicheren und höheren Wellen. Schliesslich schwingt die Kurve im EEG nur noch ein halbes- bis zweimal pro Sekunde mit Wellenbergen um die 300 Mikrovolt, dem Fünffachen des wachen Hirns. Die Nerven im Kopf haben sich gleichsam von ihrem üblichen Gewusel distanziert und schwingen nun im Gleichtakt durch die Nacht. Der Körper ist in den Tiefschlaf abgetaucht. Etwa 90 Minuten später ändert sich das EEG unvermittelt: Jetzt werden die Hirnströme wieder ähnlich nervös wie noch kurz nach dem Einschlafen. Der Körper liegt nun wie gelähmt; nur die Augen unter den geschlossenen Lidern sind in rascher Bewegung. Die deshalb als REM (rapid eye movement) bezeichnete Schlafphase ist die Zeit der Träume. Denn weckt man hier den Schläfer, hat er gerade eine Filmdiva in den Armen oder einen hechelnden Löwen auf den Fersen.

Tiere kann man nicht über ihren Schlaf und über allfällige Träume befragen. Man kann ihnen aber ebenfalls Elektroden an den Schädel kleben und so nach jenen Veränderungen im EEG suchen, die beim Menschen Schlaf- und Traumphasen charakterisieren. Wie die Zürcher Schlafforscherin Irene Tobler berichtet, zeigt das EEG bei ruhenden Säugetieren ebenfalls Tiefschlaf und REM-Traumphasen, und auch die Tieraugen sind beim Träumen in rascher Bewegung. Die verschieden tiefen Schlafphasen mit ihren länger werdenden Gehirnstromwellen bezeichnet die Wissenschaft heute als NREM-(Non-REM-)Schlaf. Mittlerweile wurde bei mindestens einer Art jeder Säugetierordnung sowohl NREM- wie REM-Schlaf gefunden. Nur der Ameisenigel, als eierlegendes Säugetier ein Vorläufer der Plazentatiere, zeigt keinen Traumschlaf. Der Ameisenigel ist mit einer eher bescheidenen Gehirnmasse ausgestattet und bestätigt so die Vermutung, dass der Traumschlaf erst für das hochentwickelte Hirn nötig ist – gewissermassen als Wartungsarbeit und Funktionskontrolle am Supercomputer.

Noch eine zweite Gruppe von Säugetieren scheint nicht zu träumen: die Delphine. Der russische Zoologe Lev Mukametow hat in seinem Moskauer Schlaflabor für Meeressäuger während vieler Jahre das EEG an frei im Becken schwimmenden Tieren registriert. Dabei konnte er lediglich NREM-Tiefschlaf messen. Und er machte die verblüffende Entdeckung, dass Delphine jeweils nur mit einer Hirnhälfte schlafen. Nach ein bis zwei Stunden erwacht die schlafende Hälfte und gibt dem wachgebliebenen Hirnteil Zeit für einen Schlummer. Bei diesem Schlaf-Pingpong macht das Tier insgesamt einen wachen Eindruck und schwimmt ganz normal im Wasser.

Erstaunliches zeigte die Moskauer Forschung auch für Seelöwen und Seebären. An Land dösen diese Meeressäuger wie andere Säugetiere. Im Wasser aber wechseln sie zum Halbhirnschlaf. Dabei liegen sie auf der Seite und lassen sich an der Wasseroberfläche treiben.

Im Gegensatz zu den Delphinen können sich Seelöwen und Seebären sogar Traumschlaf leisten. Denn sie brauchen nur mit der im Wasser liegenden «wachen» Flosse zu paddeln; die durch das träumende Hirn gelähmte andere Flosse kann schlaff auf dem Körper ruhen. Wiederum anders die Seehunde. Da sie zum Atmen immer wieder an die Wasseroberfläche müssen, unterteilen sie ihren Schlummer in lauter kleine Häppchen. Sie erwachen unter Wasser spontan nach jeweils fünf Minuten, schwimmen zum Atmen nach oben und fallen, noch während sie fertig atmen, in den Schlaf zurück. Und beim Niedersinken reicht es dann jeweils auch noch für einen minutenlangen Traum.

Zeigen die allermeisten Säugetiere im Hirn ähnliche Schlaf- und Traummuster, sind die artspezifischen Schlafgewohnheiten aber doch verschieden. So gönnt sich das Pferd nur 2,9 Stunden Schlaf, die Kleine Braune Fledermaus dagegen 19,9. Ganz allgemein schlafen die grossen Pflanzenfresser nur wenige Stunden am Tag, wobei Pferd, Rind, Reh und Elefant auch im Stehen schlafen können. Kuh und Reh bringen es sogar fertig, beim Schlafen mit offenen Augen wiederzukäuen. Für den Traumschlaf allerdings müssen sie auf das Wiederkäuen verzichten. Den lähmenden Traumschlaf kann sich eigentlich nur leisten, wer vor Feinden sicher ist.

Deshalb findet man bei grossen Pflanzenfressern meist sehr wenig, bei grossen Raubtieren wie auch kleinen Nagern jedoch recht ausgiebigen REM-Schlaf.

Und die Vögel? Elektrographische Untersuchungen an vielen Vogelarten zeigen ebenfalls NREM- wie REM-Schlaf. Sitzen Vögel beim Schlafen auf Bäumen, sorgt die Natur dafür, dass sie nicht herunterfallen: Sobald die Tiere ihre Beine zum Sitzen einknicken, straffen sich automatisch Sehnen und klammern die Zehen fest um den Ast. Papageien können sich offenbar hemmungslos auf den Klammerreflex verlassen, denn man sieht sie nicht selten mit dem Kopf nach unten im Geäst baumeln. Man hat nun bei einigen Vogelarten beobachtet, dass sie während ein paar Sekunden ebenfalls nur mit einer Hirnhälfte schlafen (und entsprechend ein Auge offenhalten). Zwar fehlen bisher Hirnstrommessungen an Vögeln in der Luft; der Halbhirntrick könnte sehr wohl den Nonstopflug erleichtern.

Gar viele Tierarten entziehen sich vorderhand der Technik des Schlaflabors. Über ihre Schlafgewohnheiten kann man nur auf Grund ihres Verhaltens spekulieren. So beobachten Aquariumbesitzer, dass ihre Schützlinge am Abend bestimmte Ruheplätze aufsuchen und sich manchmal sogar in den Sand eingraben. Putzerfische sondern eine schleimige Hülle ab und liegen dann die ganze Nacht regungslos in diesem Bett. Auch Schlangen und Eidechsen ziehen sich für die Nacht an geeignete Ruheplätze zurück. Der Rotkehl-Anolis, ein im Süden der USA lebender kleiner Leguan, wechselt am Abend seine lebhaft grüne Körperfarbe zu Braun. Der wohl der Tarnung dienende Kleiderwechsel wird durch den Rückgang der Lufttemperatur ausgelöst. Ein ähnlich diskretes Pyjama zieht sich die Stabheuschrecke *Dixippus morosus* vor dem Zubettgehen an. Am aufwendigsten betreibt solchen Tenuwechsel die Garnele *Virbius varians*: Am Tag passt sie ihren Körper mit einer schier unerschöpflichen Mannigfaltigkeit an Zeichnungen und Färbungen der jeweiligen Umgebung im lichtdurchfluteten Wasser an – und hüllt sich beim Dunkelwerden in dezentes Blau.

Um Schlafen vom blossen Ruhen zu unterscheiden, halten sich Wissenschafter an Kriterien wie spezifische Schlafstelle, typische Körperhaltung, Bewegungslosigkeit und erhöhte Weckschwelle. So wurden etwa Bienen, Skorpione und Küchenschaben systematisch mit einem Stimulus «geweckt». Dabei zeigte sich ein Zusammenhang zwischen reduzierter Ansprechbarkeit auf Reize und bestimmter Körper- und Fühlerhaltung, die sich somit als «Schlafhaltung» interpretieren lässt. Irene Tobler schlägt als zusätzliches Schlafkriterium den Nachholbedarf nach Schlafentzug vor. Kompensatorischer Schlaf lässt sich nicht nur bei den Säugetieren, sondern auch bei Vögeln, Reptilien und Fischen erkennen, wenn sie am Ruhen gehindert werden. Und auch Insekten zeigten reduzierte Aktivität nach gestörter Ruhezeit. Je weiter unten eine Tierart jedoch auf der Leiter der Hirnentwicklung steht, desto weniger wahrscheinlich dürften Schlaf und Traum sein. Damit sich der Regenwurm den Hühnerschnabel überhaupt geistig vorstellen kann, brauchte er wohl etwas mehr als sein primitives Zerebralganglion.

Zum Kuckuck

«Der Guckus chund den nöunte Abril, si der Früelig wa er wil», weiss die alte Bauernregel aus Graubünden. Andere Sprüche nennen Tiburtius, das ist der 14. April, oder sonst einen Tag um Mitte April als den Tag, an dem der Vogel auftaucht.

Kehrt der Kuckuck im Frühjahr tatsächlich an einem mehr oder weniger fixen Datum aus seinem afrikanischen Winterquartier zu den Brutplätzen nach Europa zurück? Untersuchungen über neun Jahre hinweg haben für die Ankunftsdaten in Nordeuropa eine Zeitspanne von lediglich zwölf Tagen ergeben. Der Kuckuck ist also mit seinem charakteristischen Balzruf ein zuverlässiger Frühlingsherold. Dass der Zugvogel seine Europareise nach dem Kalender und nicht nach dem Wetter richtet und so gelegentlich mit einem verspäteten Winter fertig werden muss, ist leicht zu erklären: Wie sollte der Vogel im südlichen Afrika wissen, was sich in Europa meteorologisch gerade tut? Deshalb ist sein Wandertrieb mit Hilfe der Sonnenuhr auf ein festes Frühlingsdatum programmiert.

Der frühe Reisetermin hat einen taktischen Grund: Der Kuckuck muss im Lande sein, bevor die andern Vögel mit dem Brüten beginnen. Denn legendär wie sein Ruf ist auch des Kuckucks Ei, das er klammheim-

125

lich einer Leihmutter untergejubelt. Schon die alten Veden vor dreitausend Jahren nannten den Kuckuck den «Von-anderen-Aufgezogenen». Die Manipulation am fremden Nest macht den Vogel zum Schmarotzer par excellence. Das uns schäbig erscheinende Verhalten setzt den sonst beliebten Frühlingsboten in ein schlechtes Licht. Dabei wäre (einmal mehr) darauf hinzuweisen, dass Moral halt eine menschliche Erfindung ist. Denn alles Tun und Lassen im Tierreich ist Ausdruck des natürlichen Bestrebens des Individuums, seine Gene erfolgreich weiterzugeben. Brutschmarotzertum ist lediglich eine Variante im ewigen Fortpflanzungspoker.

Die Kuckucksvögel gehören zu den ältesten Vögeln überhaupt; Fossilien sind bis vierzig Millionen Jahre alt. Das Brutschmarotzen scheinen sie erst nach und nach entdeckt zu haben, denn von den insgesamt 128 Arten der Kuckucksfamilie benutzen nur 50 den Trick. Und selbst bei den Brutschmarotzern zeigen sich noch immer Relikte früherer Brutpflege, etwa das symbolische Überreichen von Nistmaterial beim Balzen oder das Füttern des Weibchens durch das Männchen als Vorwegnahme der Fütterung des Nachwuchses.

Wie der Kuckuck auf die Idee gekommen ist, die Mühsal der Brutpflege fremden Vögeln aufzuhalsen, lässt sich nur vermuten. Ein Hinweis könnte das Verhalten des Ani liefern. Bei diesem südamerikanischen Kuckuck schliessen sich mehrere Paare zu einer Fortpflanzungskommune zusammen. Sie bauen gemeinsam eine Nestmulde, und jedes Weibchen legt ein halbes Dutzend Eier ins Gruppennest. Man hat schon Nester

Der Kuckuck ist ein Meister der Täuschung
und drückt sich so vom aufwendigen Brutgeschäft.

mit bis zu 150 Eiern gefunden – in mehreren Lagen und mit grünem Laub als Zwischenschicht. Beim Brüten wechseln sich die Weibchen ab oder liegen gemeinsam auf den Eiern. Gelegentlich aber drückt sich eine Dame vom Brutgeschäft, obschon auch ihre Eier im Gelege sind.

Solch kräftesparende «Untugend» könnte sich sehr wohl als evolutionärer Vorteil erwiesen und etabliert haben. Der Kuckuck zeigt eine enorme Anpassungsfähigkeit, was ihm die Ausarbeitung einer Schmarotzertaktik sicher erleichterte. So gibt es Kuckucke auf allen Kontinenten. Obwohl ursprünglich Waldvögel, haben sie sich ebenfalls an das offene Gelände adaptiert. Sie sprechen mittlerweile auch eine Vielfalt an Dialekten: Was bei uns als Doppelruf wie «gu-gugg» tönt, kommt beim südafrikanischen Einsiedlerkuckuck als dreisilbiges «piet-my-vrou» daher. Der indische Koël ruft «ko-el, ko-el»; in Lateinamerika verkünden die Madenhackerkuckucke «pedro-luis». Und der im dichten malaiischen Wald hausende Bubut soll wie eine Katze miauen.

Enorm vielseitig ist der Kuckuck auch bei seinem Trickgeschäft. Jede Kuckucksart nutzt eine ganze Reihe verschiedener Wirte. Der australische Blasskuckuck legt seine Eier in die Nester von achtzig Vogelarten; unser Kuckuck (*Cuculus canorus*) kommt sogar auf gegen 300. Als Ersatzeltern bevorzugt werden Singvögel; man hat aber auch schon Kuckuckseier in Nestern von Krähen, Elstern und Jagdfasanen gefunden. Meist beschränkt sich eine Kuckucksart in einem bestimmten Gebiet auf einige Hauptwirte.

Die wohl erstaunlichste Leistung ist das Kuckucksei selber, passt doch der Vogel sein Produkt den Eiern seines Wirtes an. So können die Eier unseres Kuckucks einfarbig weiss, blau oder lehmgelb sein oder ein dem Muster des fremden Eies verblüffend ähnliches Kleid tragen. Im Kaliber ist das Kuckucksei zwar meist etwas grösser (und dadurch stärker) als dasjenige des Wirtes. Um den Unterschied aber minim zu halten, legt das 100 Gramm schwere Kuckucksweibchen dem kleinen Singvogel ein nur 2 Gramm schweres, dem Raben aber ein 25-Gramm-Ei ins Nest. Bei der Heckenbraunelle in England gelingt dem Kuckuck der Trick, ohne dass er sein braungesprenkeltes Ei dem grünen der Wirtin anpasst. Eine mögliche Erklärung: Die Heckenbraunelle ist erst vor wenigen Jahrtausenden in England heimisch geworden, eine zu kurze Zeit, den Eiertrick zu durchschauen und den Kuckuck zur Tarnung zu zwingen.

Ein bestimmtes Kuckucksweibchen legt immer dasselbe Modell. Es gibt also innerhalb der einzelnen Art biologisch unterschiedliche Rassen, die äusserlich völlig identisch aussehen, deren Eier aber – je nach Zielpublikum – in Grösse und Farbe erheblich variieren. Es stellt sich nun die Frage, wie der einzelne Kuckuck weiss, in welche Nester seine Eier passen. Man hat herausgefunden, dass das Kuckucksweibchen jeweils jene Wirtsvogelart heimzusuchen pflegt, in deren Nest es selber gross geworden ist. Durch eine Art Prägung auf die Ersatzeltern während des Gastaufenthaltes wird die «passende» Schmarotzerbeziehung über Generationen hinweg garantiert.

Damit das Küken des Kuckucks im Vorteil ist, sollte es möglichst früh schlüpfen. Mit einer Brutzeit von nur zwölf Tagen ist es fast immer Nummer eins, auch wenn seine leibliche Mutter nach der Wirtin legte. Nur wenige Stunden nach dem Schlüpfen erwacht im Wechselbalg ein unheimlicher Trieb. Nackt und blind ertastet er alle Gegenstände, die in der Nestmulde liegen. Er lädt sie auf seinen hohlen Rücken, kraxelt rückwärts die Nestwand hoch und wirft die Last über Bord. So entledigt sich der Schmarotzer der andern Eier sowie bereits geschlüpfter Konkurrenten. Dann reisst er seinen übergrossen Rachen auf. Und das betrogene Elternpaar beginnt den Fremdling eifrig zu füttern, obwohl dieser der arteigenen Brut ganz und gar nicht ähnelt – der weit offene Rachen wirkt unwiderstehlich als Fütterungsbefehl. Da der junge Kuckuck nun alle Portionen erhält, die für ein grosses Gelege bestimmt gewesen wären, wächst er mächtig. Nach drei Wochen ist er fünfzigmal schwerer als beim Schlüpfen. Sind die Pflegeeltern kleine Singvögel, müssen sie jetzt zum Füttern rüttelnd vor dem Riesenbaby in der Luft stehen oder sich dem Koloss auf den Rücken setzen, den Kopf tief im Schmarotzerrachen.

Wie raffiniert das Kuckucksweibchen seinen Eierbetrug inszeniert, haben unlängst Beobachtungen in England an Nestern von Teichrohrsängern gezeigt. Das Kuckucksweibchen observiert die betreffenden Wirtsvögel bereits beim Nestbau. Sobald der Singvogel mit dem Legen beginnt, wartet der Kuckuck im Versteck, bis das Brutpaar für kurze Zeit fortfliegt. Sofort landet er im Nest, nimmt eines der Eier in den Schnabel, legt das

Kuckucksei und ist bereits wieder weg. Die Betrugsaffäre dauert keine zehn Sekunden. Später frisst der Kuckuck das gestohlene Ei und kommt so zu einer leckeren Mahlzeit. Er hat damit aber auch die Eiermenge im fremden Gelege justiert, denn viele Vögel scheinen durchaus zu wissen, wie viele Eier sie gelegt haben. Von den in England beobachteten 274 Nestern des Teichrohrsängers fand sich schliesslich in 44 ein Kuckucksei. Immerhin akzeptierten 8 Vogelpaare das fremde Ei nicht.

Mit experimentellen Manipulationen wollte man Schwachstellen im Kuckucksmanöver herausfinden. Dazu spielten die Forscher selber Kuckuck und vertauschten unauffällig ein Teichrohrsängerei mit einer Kuckucksei-Attrappe. Geschah dies bei Tagesanbruch, merkte der Singvogel fast immer den Betrug und warf die Attrappe aus dem Nest. Am Nachmittag aber zeigte sich der Vogel weniger aufmerksam und akzeptierte die Attrappe – weshalb wohl nicht zufällig das Kuckucksweibchen immer den Nachmittag für sein Tauschmanöver wählt. Auch gelang der Attrappentrick nur, wenn der Teichrohrsänger bereits ein eigenes Ei im Nest hatte. Auch Frau Kuckuck wartet, bis die andere mit dem Legen begonnen hat.

Dass die Singvögel aber ihren Feind doch kennen, zeigte sich, als die Forscher während der Abwesenheit des Teichrohrsängers einen ausgestopften Kuckuck ins Nest setzten. Sofort fielen die zurückkehrenden Singvögel über den «Eindringling» her. Danach konnte die Eierattrappe noch so täuschend ähnlich sein, sie wurde in aller Regel eliminiert. Der Kuckuck wird also wissen, weshalb er sich bei den Leiheltern nicht blicken lässt.

Ameisen sind nicht nur fleissig, sondern auch enorm kriegerisch.

Räuberbanden und Sklavenhalter

Ameisen lebten schon vor hundert Millionen Jahren, damals noch inmitten von Dinosauriern. Heute dürfte es um die zehn Billiarden (10^{16}) Ameisen geben, verteilt auf mehrere zehntausend Arten. Im brasilianischen Regenwald hat die Ameisenpopulation eine viermal so grosse Biomasse wie alle Säugetiere, Vögel, Reptilien und Amphibien zusammen. Die Ameisen sind die allgegenwärtigsten Landlebewesen. Warum sind diese Winzlinge so erfolgreich? Den Geheimnissen der Ameisen haben die Biologen Bert Hölldobler und Edward O. Wilson über vier Jahrzehnte ihrer Forschungsarbeit gewidmet.

Den Erfolg der Ameisen schreiben Hölldobler und Wilson der extrem wirkungsvollen Kooperation innerhalb der einzelnen Ameisenkolonien zu. Basis der Zusammenarbeit ist eine hochentwickelte chemische Verständigung mittels Pheromonen – Substanzen, die in verschiedenen Körperdrüsen produziert und von den Nestgenossen über den Geschmacks- und Geruchssinn wahrgenommen werden. Diese Signale lösen eine Vielfalt von Verhaltensweisen aus, von Alarmierung und Anlockung bis zu Brutpflege und Fütterung. Ameisen sind also so erfolgreich, weil sie sich gut mitteilen können – eine Eigenschaft, die auch den Menschen zum sozialen Spitzenprodukt werden liess (selbst wenn die Praxis zuweilen Zweifel weckt).

Unter den Ameisen gibt es Völker, die wie ein einziger Superorganismus funktionieren. Als Fortpflanzungsorgan dient die Königin, die bei den Blattschneiderameisen auf dem Hochzeitsflug von einem halben Dutzend Männchen über 200 Millionen Spermien empfängt und lebenslang speichert. In ihrem Nest unter der Erdoberfläche befruchtet sie dann ein Ei nach dem andern – bis zu 14 Jahre lang, was zu einer Gesamtproduktion von 150 Millionen Töchtern führen kann. Diese Arbeiterinnen sind im Superorganismus Gehirn, Herz und Verdauungstrakt. Der rege Austausch von flüssigem Futter innerhalb einer Kolonie funktioniert wie ein Blutkreislauf. Und was der Superorganismus leistet, hält dem Vergleich mit grossen Tieren durchaus stand: Eine Blattschneiderkolonie frisst täglich soviel wie eine ausgewachsene Kuh. In Brasilien ist ein Nest ausgegraben worden mit acht Millionen Arbeiterinnen in über 1000 verschiedenen Kammern. Die beim Nestbau von den Ameisen aus dem Untergrund wegtransportierte Erdmasse schätzte man auf 23 Kubikmeter und auf ein Gewicht von 40 Tonnen – nach menschlichem Massstab eine Leistung ähnlich dem Bau der Chinesischen Mauer.

Das totale Engagement für eine gemeinsame Sache, die fast grenzenlose Loyalität der Arbeiterinnen gegenüber ihrer Kolonie faszinierte die Menschen schon immer. Der «Ameisenstaat» wird als vorbildlich gepriesen, und bereits König Salomon ermahnte einen müssigen

Untertanen: «Geh, du Faulpelz, und nimm dir ein Beispiel an den Ameisen.»

Was aber Salomon und selbst neuzeitliche Ameisenbewunderer nicht wussten: Die eindrückliche Kooperation der emsigen Tierchen ist alles andere als selbstlos. Auch bei den Ameisen versucht jedes Individuum den eigenen Genen weiterzuhelfen. So gibt es neben Fürsorge und Loyalität auch sehr viel Lug und Trug bis hin zu tödlicher Gewalt – zwischen verschiedenen Ameisenarten, gegen Artgenossen und sogar innerhalb der Kolonie. Nach Hölldobler und Wilson sind die Ameisen die aggressivsten und kriegerischsten aller Tiere: Ihre organisierten Bosheiten überträfen die Arglist der Menschen; an den Territorialgrenzen benachbarter Kolonien herrsche ständige Bedrohung; mit unablässigen Scharmützeln werde das Nachbarvolk geschwächt und falls möglich vernichtet.

Im Süden der Vereinigten Staaten stehen sich die Feuerameise *Solenopsis invicta* und die Waldameise *Pheidole dentata* in ständigem Kampf gegenüber. Obwohl die Kolonien der Feuerameisen hundertmal grösser sind, weiss die Pheidole sich zu wehren: Eine spezielle Soldatenkaste mit scharfen Kiefern steht wie eine Schnelleinsatztruppe wartend herum. Sobald eine Pheidole-Arbeiterin in der Umgebung ihres Nestes auf eine einzelne Feuerameise trifft, nähert sie sich dem Feind, bis sie ihn kurz berühren kann, und eilt dann mit dem feindlichen Geruch am Körper zurück ins Nest. Auf dem Weg nach Hause legt die Späherin aus ihrer Giftdrüse eine Duftspur.

Der Feindgeruch, kombiniert mit einem Alarm-
pheromon, versetzt die Kolonie sofort in helle Aufregung. Entlang der Duftspur wird der Fremdling aufge-
spürt, eingekreist und exekutiert, indem die Kiefer der
Soldaten der Feuerameise wie mit Drahtscheren Kopf
und Beine abtrennen. Und noch stundenlang suchen
die Pheidole-Krieger nach weiteren Feuerameisen.
Denn gelingt es einer Feuerameise, den Standort des
Pheidole-Nestes der eigenen Kolonie zu melden, ist es
um die insgesamt schwächeren Pheidoles schlecht
bestellt. Innert Minuten machen Heerscharen von her-
beiströmenden Feuerameisen den Ort zum Schlacht-
feld. Mit ihrem Gift töten sie jede Pheidole, derer sie
habhaft werden können. Bald ist der Boden mit den
Kadavern der glücklosen Soldaten übersät, vermischt
mit den abgehackten Körperteilen der zwischen die
Kiefern geratenen Feuerameisen.

Beim Kampf geht es immer um Land oder Futter.
Beliebtes Opfer in der Wüste von Arizona sind die Honig-
topfameisen, die ihren Hinterleib prall mit zuckerhaltigen
Pflanzensäften füllen. Obwohl viel kleiner, gelingt es der
wendigen Ameise *Forelius pruinosus*, mit Hilfe giftiger
Sekrete die Honigtopfameise zu überwältigen und das
Futter zu rauben. *Conomyrma bicolor*, eine weitere Ameise
im Südwesten der USA, kommt mit einer anderen Taktik
zu den Süssigkeiten. Sie hindert mittels chemischer
Bedrohung die Honigtopfameise am Verlassen des Nestes
und plündert dann ungestört die Futterquellen der
Umgebung. Die Belagerer packen sogar mit ihren Kiefern
Steinchen und bombardieren damit die Eingangsschächte

der Opfer. Stehen Ameisen hoffnungslos einem übermächtigen Angreifer gegenüber, kann die optimale Taktik der Kamikaze-Tod mit gleichzeitiger Vernichtung möglichst vieler Feinde sein. So tragen Arbeiterinnen einer *Camponotus*-Art in den Regenwäldern Malaysias zwei riesige, mit giftigen Sekreten gefüllte Drüsen im Leib. In arger Bedrängnis zieht die lebende Bombe die Bauchmuskeln so heftig zusammen, dass die Körperwand platzt und das freiwerdende Gift den Feind bespritzt.

In den Schweizer Alpen lebt die Ameise *Teleutomyrmex schneideri* als raffinierter Parasit. Sie hat es fertiggebracht, mit ihren chemischen Signalen den Nestgeruch von *Tetramorium caespitum* zu imitieren, und wird deshalb nicht als Fremdling erkannt. Die betrügerische Ameisenart hat keine eigenen Arbeiterinnen, und die Königinnen lassen sich vollständig von den Arbeiterinnen der Wirtskolonie betreuen und füttern. Die relativ kleinen Schmarotzerinnen klammern sich am Rücken der fremden Königin fest, oft bis zu einem halben Dutzend auf demselben Tier, wobei die Parasiten dank nach innen gewölbtem Hinterleib perfekt auf den fremden Rücken passen. Noch vor dem Huckepack von den eigenen Männchen befruchtet, produzieren die Betrügerinnen jede Minute zwei Eier und bringen mit ihrer Brut die Wirtskolonie an den Rand des Ruins.

Ameisen können auch Sklavenhalter sein. So überrennen gewisse Honigtopfameisen schwächere Kolonien, bringen deren Königin um und entführen die fremden Arbeiterinnen ins eigene Nest, wo die Geraubten als Sklaven schuften müssen.

Eine Ameisenart in Wyoming hält sogar gleichzeitig Sklaven mehrerer Arten, ähnlich wie der Mensch über verschiedenes Nutzvieh verfügt. Die Sklavenkaste erledigt dann – jede Art gemäss ihrem spezifischen, angeborenen Verhalten – eine Vielfalt von Aufgaben, von der Verteidigung des Nestes bis hin zur Fütterung der Brut.

Dass der Ameisenegoismus selbst vor der eigenen Familie nicht haltmacht, hat unlängst eine Forschergruppe der Universität Lausanne an der Ameisenart *Formica exsecta* aufgezeigt. Das Biologenteam untersuchte gegen 60 Kolonien und fand, dass in manchen Ameisenstaaten die Arbeiterinnen fast die Hälfte ihrer Brüder aus dem Weg räumen, indem sie sie kurzerhand fressen. Eine Erklärung für dieses Verhalten lieferte die molekularbiologische Untersuchung des Verwandtschaftsgrades: Ameisenarbeiterinnen stammen jeweils aus befruchteten Eiern, während zur Produktion der Männchen die Königin unbefruchtete Eier verwendet. Die Arbeiterinnen tragen deshalb je zur Hälfte das Erbgut von Vater und Mutter; die Männchen aber haben ausschliesslich Gene der Mutter. Da also die Arbeiterinnen untereinander genetisch näher verwandt sind als mit ihren Brüdern, sind sie eher am Fortkommen der Schwestern interessiert.

Brudermord konnte nur in Kolonien festgestellt werden, wo sich die Königin mit einem einzigen Männchen gepaart hatte; die Schwestern waren hier also besonders eng verwandt. Kopulierte die Mutter jedoch mit mehreren Männchen, gab es in der Kolonie viele Halbschwestern. Mit dem geringeren Verwandtschaftsgrad sank auch prompt die Aggression der Töchter.

Auf den Mensch gekommen

Trottet uns eine Deutsche Dogge entgegen, wieselt ein Dackel um die Ecke, fällt es schwer, in beiden lediglich Varianten des Wolfs zu sehen. Das Wildtier Wolf gibt es schon seit 20 Millionen Jahren. Vor etwa 25 000 Jahren begannen urzeitliche Jäger von ihren Streifzügen erbeutete Wolfswelpen nach Hause zu bringen und zu zähmen. Das Umwandeln des Wolfs zum deutlich unterschiedlichen Haushund mittels gezielter Fortpflanzung über viele Tiergenerationen hinweg fand 10 000 Jahre später statt. Und erst in den letzten Jahrhunderten schuf sich der Mensch dann jenes Spektrum von 150 Hunderassen, das massgeschneidert den verschiedensten Bedürfnissen gerecht zu werden hat: vom jagenden Windhund, vom unermüdlichen Schlittenhund, vom Bernhardiner als Retter bis zum blutrünstigen Kampfhund oder zum niedlichen Pudel der Dame im Rotlichtquartier. Erstaunlich an diesem zoologischen Panoptikum ist nicht zuletzt die Tatsache, dass die ganze Vielfalt nach wie vor zur gleichen Tierart gehört, sich also untereinander wie auch mit dem Stammvater Wolf fast beliebig kreuzen lässt. So war es schon bei den Germanen üblich, läufige Hündinnen im Wald an einen Baum zu binden, damit sie von Wolfsrüden gedeckt wurden und einen gesunden Schuss Wildheit in den Hof zurückbrachten.

Das Haustier Hund ist zwar sehr beliebt, vom Nutzen her gesehen indes eher nebensächlich. Kulturell ungleich mehr Bedeutung hat das Rind. Erstmals gezüchtet vor gut 9000 Jahren in Vorderasien aus dem Ur, dem Auerochsen, ist dieses Haustier zur 1,3 Milliarden starken Wirtschaftsmacht geworden. Heute deckt das Rind die Hälfte des weltweiten Fleischbedarfs, liefert 90 Prozent aller Milch und Milchprodukte, versorgt die Menschheit mit zwei Dritteln der Rohstoffe für die Lederverarbeitung. Und in vegetationsarmen Gebieten ist getrockneter Rinderdung oftmals das einzige verfügbare Brennmaterial.

Die Idee der Haustierhaltung entsprang schierer Not. In Gebieten, wo natürliche Nahrungsquellen knapp waren, wurde es für die wachsenden Völker immer schwieriger, sich als Jäger und Sammler zu versorgen. So gingen die Menschen in den kargen Gebieten Vorderasiens dazu über, geeignete Wildtiere zu Lieferanten von Fleisch, Milch und Wolle zu machen. Als erste Haustiere mit wirtschaftlichem Nutzen entstanden vor 10 000 Jahren aus dem Wildschaf das Hausschaf, aus der Bezoarziege die Hausziege. Mit Hilfe der Pflanzenfresser liess sich nun die für den menschlichen Körper unverwertbare Zellulose zu nützlichem Eiweiss und Fett veredeln und erst noch Bekleidungsmaterial gegen Hitze und Kälte gewinnen. Anstatt den Wildtieren nachzupirschen, mussten die Sippen allerdings mit ihren Nutztieren dort bleiben, wo das Grasfutter wuchs.

Der Wechsel vom Nomadentum zur Sesshaftigkeit wird zu Recht als neolithische Revolution bezeichnet, denn dadurch wurden überhaupt erst feste Siedlungen, Städte, Staaten und schliesslich Hochkulturen möglich. Da Ackerbau und Tierzucht aber recht beschwerlich waren (und noch immer sind), machte sich nur die Mühe, wer musste. Und so blieben die Menschen in den üppigen Tropengegenden Afrikas und Lateinamerikas weiterhin zufriedene Jäger und Sammler – bis der zivilisierte Teil der Menschheit glaubte, auch den letzten «Wilden» modernes Wirtschaften und Konsumieren beibringen zu müssen.

Zu Schaf, Ziege und Rind sind als Nutztiere auch das Schwein, das Huhn (aus dem Bankivahuhn Südostasiens), das Pferd (aus dem heute noch als Przewalskipferd existierenden Wildpferd) geschaffen worden. Manche Haustiere sind eine Spezialität ganz bestimmter Regionen: Im Wüstengürtel der Alten Welt sind aus der Familie der Kamele das Dromedar und das Trampeltier (mit den zwei Höckern) sowie in den Anden aus dem Kleinkamel Guanako das Lasttier Lama und als Wolleproduzent das Alpaka hervorgegangen. Die Kameldomestikationen machten überhaupt erst die Erschliessung unwirtlicher Lebensräume in Wüste und Hochland durch den Menschen möglich. Haustiere können aber auch wieder aus der Mode kommen. So war im Mittelalter der von den Klöstern in künstlichen Teichen gehaltene Karpfen eine beliebte Fastennahrung. Und mit dem Frettieren hatten die Römer eine effiziente Methode der Wildkaninchenjagd sowie der Bekämpfung von Wanderratten entwickelt: Man liess das abgerichtete Frettchen (ein domestizierter Waldiltis) in den

Bau schlüpfen und fing die fliehende Beute an den Ausgängen mit Netzen.

Überhaupt waren die Römer äusserst tüchtige Haustierzüchter. Mit der Erfindung des Maultiers, einer Kreuzung aus Eselhengst und Pferdestute, entstand ein sehr widerstandsfähiges und ausdauerndes Lasttier, das dem Imperium zum wichtigen logistischen Mittel wurde. Dank Maultier konnten Schlemmern Austern sogar nach Augusta Raurica geliefert werden. Optimale Haltung, Fütterung und Zuchtwahl schuf auch bei den herkömmlichen Haustieren eine bisher unerreichte Qualität: Knochenfunde von römischen Rindern lassen auf eine mittlere Schulterhöhe von 127 cm schliessen, während zur gleichen Zeit die Rinder im germanischen Siedlungsgebiet nur 110 cm hoch waren. Mit dem Niedergang des Römerreichs verschwanden auch die kräftigen Rinder wieder, und erst die im Zuge der Industrialisierung einsetzende künstliche Düngung der Felder verbesserte erneut die Fütterung. Wenn heute Milchkühe mit monströsem Euter bis 10 000 Liter pro Jahr liefern und ein Fleischrind gegen eine Tonne auf die Waage bringt, hat die Haustierzucht allerdings ihr Optimum überschritten, denn solche Leistungen gehen auf Kosten der Tiergesundheit.

Die Domestikation bedeutet für das Wildtier in jedem Fall markante körperliche Veränderung. So lässt sich die Existenz gezähmter Wölfe auf Wohnplätzen eiszeitlicher Jäger durch Anomalien am Gebiss der dort gefundenen Wolfsskelette nachweisen, denn während Abweichungen vom Normalgebiss bei Wölfen

Wie der Schlittenhund stammen sämtliche Haushunde vom Wolf ab.

in freier Wildbahn selten sind, findet man sie heute bei Zoowölfen als Reaktion auf die veränderten Lebensbedingungen sehr häufig. Ganz allgemein brachte die Domestikation der Säuger eine Abnahme der Körpergrösse. Schuld daran waren eine oftmals wenig artgerechte Ernährung sowie die Einschränkung der natürlichen Partnerwahl, denn wo in freier Wildbahn nur die kräftigsten Männchen zum Zuge kommen, haben frühe Züchter eher schwächere und damit pflegeleichtere Tiere bevorzugt. Erst ein Futterangebot weit über die natürlichen Ressourcen hinaus brachte übergrosse Haustiere. Von früh an grösser als bei der Wildform war der Fettanteil. Während Wildtiere nur mit einem Sprinterkörper gegen schnelle Feinde eine Chance haben, bringt die gemächlichere Lebensart domestizierter Tiere, verbunden mit spezieller Zucht und Mast, entsprechend viel Fett. Zu welchen Extremen dies führen kann, zeigen die grunzenden Schinkenberge – oder jenes Fettschwanzschaf auf einem Stich aus dem 17. Jahrhundert, wo dem Tier ein spezielles Stützwägelchen angehängt werden musste, damit es seinen durch Fettdepots gigantisch verdickten Schwanz überhaupt transportieren konnte. Und dass heute in den Industrieländern auch die Hunde und Katzen oft fettleibig sind, widerspiegelt unser eigenes gestörtes (Fr)essverhalten.

Weitere Folge der Haustierwerdung ist ein Schrumpfen des Hirns. Zeigt das Hauskaninchen eine Abnahme des Hirngewichts von 9 Prozent, sind es bei der Hauskatze bereits 23, beim Haushund 31 und beim Schwein sogar 34 Prozent. Besonders die Grosshirnrinde, wo Sehen, Riechen, Hören und Tasten verarbeitet werden, schwindet stark. Die Erklärung liegt wiederum im «häuslichen» Leben ohne wesentliche Bedrohung, wo das Tier nicht mehr ständig alle Sinne beieinander haben muss. Dass sich solch mentaler Verzicht auch im Verhalten äussert, liegt auf der Hand. Ein ursprünglich subtiles Sozialverhalten wird plump, der Bewegungstrieb schwächt sich ab, das Fluchtverhalten wird seltener und undeutlicher, der Aggressionstrieb verliert seine Heftigkeit. Und Beutefang, ausgedehnte Rivalenkämpfe, Nestbau sowie das Verteidigen der Jungtiere sind weitgehend obsolet und deshalb «vergessen» worden. Andere Verhaltensweisen aber wie Fressen und Sex können extrem gesteigert werden, falls dies im Interesse der Züchter liegt.

Haustiere deshalb als «degenerierte» Wildtiere zu sehen zielt allerdings zu kurz. Vielmehr zeigen just die Haustiere eine enorm hohe Anpassungsfähigkeit an die vom Menschen diktierten Lebensbedingungen. Ja, es kommen als Haustierkandidaten überhaupt nur Wildtierarten in Frage, die von Natur aus ein hohes Adaptionspotential mit sich bringen und selbst mit derart widernatürlichen Gegebenheiten wie dem Leben in einer riesigen Pouletfarm oder dem jahrzehntelangen Trott vor einem Karren fertig werden.

So ist es auch nicht verwunderlich, dass aus der weltweit enormen Vielfalt an Wildtierarten letztlich nur ein paar Dutzend zu Haustieren gemacht werden konnten. Und wie dünn selbst bei den erfolgreich domestizierten die künstliche Schale ist, zeigen etwa Hausschweine, die man aus der Enge des herkömmlichen Stalls in eine natürlichere Umgebung entlässt. In Kürze benehmen sie sich wieder wie Wildschweine: Sie kümmern sich fürsorglich um den Nachwuchs; sie wühlen und scheuern nach Herzenslust; sie benutzen separate Toiletten und meiden den eigenen Dreck.

Wovon Matrosen träumen

Heute morgen erspähte einer unserer Matrosen eine Meerjungfrau. Sie kam nahe an das Schiff heran und blickte ernst zu den Männern hoch. Vom Nabel aufwärts waren ihr Rücken und ihre Brüste die einer Frau, ihr Körper war so gross wie der unsrige, ihre Haut sehr weiss, und langes, schwarzes Haar hing ihr vom Kopf herab. Als sie abtauchte, sahen die Männer ihren Schwanz, der wie der Schwanz eines Tümmlers war.» So beschrieb im 17. Jahrhundert der amerikanische Seefahrer Henry Hudson, was seine Männer auf Entdeckungsfahrt im Nordmeer gesehen haben wollten. Schon die Meeresgöttin Atargatis der Babylonier war halb Mensch, halb Fisch. Und was Odysseus diesbezüglich optisch wie akustisch erlebte, war der Stoff zu einem Klassiker der Weltliteratur.

Berichte über Sirenen, Zee-Wyven und «homen marinho» waren rund um den Globus derart häufig, dass an der Sache wohl etwas dran sein musste. Ein kühler Kopf kam dem Mythos schon früh auf die Spur. Am 9. Januar 1493 sah Christoph Kolumbus in der Karibik drei Sirenen auftauchen. Während nun seine Mannschaft ob der Verlockung aus dem Häuschen geriet, beobachtete der Weltentdecker die Geschöpfe mit wachem Auge. Und er notierte im Logbuch: «Sie sind nicht so schön, wie sie gemalt werden, denn in gewisser Weise haben sie ein Gesicht wie ein Mann.» Der Genuese klassierte die Sirenen als Säugetiere, und seine detaillierte Beschreibung gab 1535 Anlass zur ersten realistischen Zeichnung des Karibischen Manati, eines Vertreters der Ordnung der Seekühe. Obwohl damit der prosaische Kern der Matrosenphantasie erkannt war, zahlte noch im 19. Jahrhundert das Publikum auf den Jahrmärkten Europas und Amerikas Eintritt, um Mumien von Seejungfrauen zu begaffen, die aus getrockneten Fischen fabriziert waren.

Seekühe oder *Sirenia*, wie sie wissenschaftlich heissen, gehören erstaunlicherweise zu den Huftieren, und ihre nächsten lebenden Verwandten sind die Elefanten. Sie haben sich vor vielleicht 50 Millionen Jahren in der Gegend der Tethys (der Vorläuferin des heutigen Mittelmeers) auf ein Leben in warmen Küstengewässern spezialisiert. So ist aus dem grasfressenden Vierbeiner ein stromlinienförmiger Schwimmer mit Schwanzflosse geworden. Die Hinterbeine sind nur noch im Tierinnern als Skelettrudimente erkennbar; die vorderen Gliedmassen haben sich zu Flossen gewandelt. Das Skelett der Flossen zeigt aber noch vollständig die herkömmliche Struktur mit biegsamen Hand- und Fingergelenken. Beim Karibischen Manati sitzen an den Flossenspitzen als Relikt sogar abgerundete Hufnägel, weshalb er auch Nagelmanati heisst.

Die Manatis sind die einzigen im Wasser lebenden Säugetiere, die sich ausschliesslich von Pflanzen ernähren. Sie bevorzugen küstennahe Gewässer, Flussmündungen und Flüsse in den Tropen und Subtropen und werden bis vier Meter lang und über 500 Kilogramm schwer. Neben dem Karibischen Manati existieren als weitere Arten der Westafrikanische Manati sowie im Amazonasbecken der Flussmanati oder Amazonasmanati. Die drei Manati-Arten haben als gemeinsames Merkmal einen paddelförmigen Schwanz und bilden deshalb die Familie der Rundschwanz-Seekühe.

Einen zu zwei Zipfeln auslaufenden Schwanz hat der Dugong, der einzige Vertreter der Familie der Gabelschwanz-Seekühe. Sein Lebensraum sind die seichten Küstengewässer im Indischen Ozean und Westpazifik, von der Ostküste Afrikas bis zu den Philippinen und den Nordküsten Australiens. Der Dugong weidet besonders gerne, wo auf versunkenen Landbrücken riesige Wälder von Seegräsern und Algen wuchern. Zum Atemholen taucht er alle paar Minuten senkrecht auf, schaut sich kurz um und stösst dann die verbrauchte Luft mit einem weitherum hörbaren «p-haaa» aus. Wenn nun noch vom Fressvergnügen her lange Seegräser am Kopf kleben und bei einer Mutter die beiden Brüste am oberen Vorderkörper gefüllt sind, konnte für den sexuell ausgehungerten Matrosen die Seekuh schon mal zur holden Maid werden.

Die Sirenen haben sich dem Leben im Wasser hervorragend angepasst. Meeres- und Süsswasserpflanzen enthalten nur wenige Nährstoffe. Die Tiere müssen deshalb sechs bis acht Stunden pro Tag weiden und dabei bis zu 100 Kilogramm fressen. Das Verdauen solcher Pflanzenberge braucht viel Platz und Zeit – die Manatis haben einen 40 Meter langen Darm, und die Nahrung ist fast eine Woche lang im Körper auf Wanderschaft. Beim Knacken der Pflanzenzellen helfen Darmbakterien, was enorme Gasmengen produziert. Damit das grasende Tier nicht wie ein Ballon an der Oberfläche treibt, lässt es häufig Gas ab. Auch besitzen die Sirenen eine Lunge, die sich entlang der ganzen Körperhöhle erstreckt und so für gleichmässig verteilten Auftrieb sorgt.

Für den Kauapparat musste sich die Natur Besonderes einfallen lassen. Viele Wasserpflanzen sind echte Gräser und enthalten harte Kieselnadeln – Schmirgelpapier für die Zähne. Den Manatis wachsen deshalb laufend Zähne nach: Je etwa zwanzig Mahlzähne stehen im Kiefer hintereinander; fallen die vorderen, abgenutzten aus, schieben sich von hinten neue ins Arbeitsfeld. So wandert die Zahnkette mit einem Millimeter pro Monat vorwärts, was lebenslang ein junges, kräftiges Gebiss garantiert.

Bei allem physiologischen Raffinement können die Manatis bei solch karger Ernährung nur existieren, indem sie den Stoffwechsel auf Sparflamme setzen und mit einem Fünftel der Energie anderer Säuger vergleichbarer Grösse auskommen.

Heikel ist auch der im Wasser generell hohe Wärmeverlust. Da Manatis die isolierende Transchicht vieler Meeressäuger fehlt, können sie ihre Körpertemperatur von 36 Grad Celsius nur halten, wenn das Wasser nicht kälter als etwa 16 Grad ist. Deshalb findet man an der amerikanischen Küste Manatis ganzjährig nur bis Georgia. Und wenn der Winter besonders streng wird, können sogar in Florida Jungtiere an Unterkühlung sterben. Dann ziehen die Manatis wie die amerikanischen Senioren nach Südflorida an die Küste von Fort Lauderdale oder Miami. Als Winterquartier beliebt sind auch Flüsse mit warmen Quellen (etwa der Crystal River am Golf von Mexiko) oder die Kühlwasserkanäle von Kraftwerken, wo sich jeweils Herden von mehreren hundert Tieren versammeln.

Gewöhnlich sind die Sirenen aber Einzeltiere und kennen weder Eigenreviere noch eine soziale Rangordnung. Gerangel gibt es nur, wenn das Weibchen alle zwei bis drei Jahre brünstig wird und eine Horde Bullen um die sexuelle Chance kämpft. Dreizehn Monate später bringt das Weibchen ein einzelnes Kalb zur Welt und stillt das Kleine mindestens ein Jahr lang. Nach ein bis zwei weiteren Jahren mit der Mutter geht das Kalb im marinen Pflanzengarten eigene Wege. Das wenig aufregende Leben kann bis zu sechzig Jahre dauern – falls die Seekuh den Menschen nicht in die Quere kommt.

Das schmackhafte Fleisch, der Speck und das zähe Leder haben die Seekühe weltweit zur begehrten Jagdbeute werden lassen. Mit Harpunen oder grossmaschigen Netzen holte man die friedlichen Viecher aus dem Wasser. Die Indianer nutzten zu Kolumbus' Zeiten Schilder aus Seekuhhaut. Im 17. und 18. Jahrhundert schaffte man aus Brasilien ganze Schiffsladungen Manatifleisch zu den Westindischen Inseln. Und im australischen Queensland florierte bis Mitte des 20. Jahrhunderts eine Industrie, die das Öl der Dugongs zum Kochen und für

Heilsalben vermarktete. Im Amazonasgebiet wurden noch in den sechziger Jahren jährlich bis zu 7000 Tiere abgeschlachtet.

Für eine fünfte Sirenenspezies war die Begegnung mit Menschen gnadenlos kurz: 1741 entdeckten Schiffbrüchige einer russischen Expedition unter Vitus Bering auf den Kommandeurinseln vor Kamtschatka eine Riesenseekuh. Mit von der gestrandeten Partie war der deutsche Naturforscher Georg Wilhelm Steller, der das Tier dann wissenschaftlich beschrieb. Mit acht Metern Körperlänge, einem Gewicht von vier Tonnen und einer zerfurchten Haut wie alte Baumrinde verblüffte die Stellersche Seekuh durch ihre imposante Erscheinung. Den Schiffbrüchigen diente das Tier als rettende Nahrung. Die Kunde von der leichten Beute verlockte jedoch die russischen Pelztierjäger auf dem Weg zu den Aleuten, auf den Kommandeurinseln Halt zu machen, um sich an den Kühen gütlich zu tun. Nur 27 Jahre nach der Entdeckung war die gesamte Population von einigen tausend Stellerschen Seekühen niedergemetzelt.

Obwohl die Sirenen heute weltweit geschützt sind, droht ihnen weiterhin Gefahr. Die Meeresverschmutzung lässt die Weiden unter Wasser verkommen, die Tiere verfangen sich in Fischernetzen und ersticken jämmerlich.

In Florida leben noch um die zweitausend Manatis. Dort aber hat fast jeder Küstenbewohner sein Motorboot – die nur knapp unter der Wasseroberfläche grasenden Tiere werden jährlich zu Dutzenden von Schiffsschrauben zerhackt. Es gibt heute in Florida fast kein Manati ohne Narben; ein staatliches Computerverzeichnis führt die Narbenmuster von Hunderten von Florida-Manatis als Identifikation individueller Tiere für die Verhaltensforschung. Mit Geschwindigkeitsbeschränkungen für Boote werden jetzt immerhin die wichtigsten Winterquartiere der Tiere geschützt.

Die Heimkehr des Wildpferdes

Im Sommer 1996 hatte eine Swissair- Maschine nach Peking ungewöhnliche Fracht an Bord: Przewalskipferde aus der Schweiz, direkte Nachkommen der letzten echten Wildpferde. In Peking wurden die Tiere in eine Propellermaschine umgeladen, sie landeten nach 28stündiger Reise in der Dschungarischen Senke der Wüste Gobi, in der mongolischen Heimat, wo ihre Vorfahren vermutlich Ende der sechziger Jahre ausgestorben sind. Mit unterschiedlichem Mut wagten sich die drei Hengste und fünf Stuten, die bisher nur den Wildpark Langenberg der Stadt Zürich oder das Gehege der Werner-Stamm-Stiftung in Oberwil, Baselland, kannten, aus den Transportkisten in die staubige Leere.

Während die amerikanischen Mustangs oder die australischen Brumbies lediglich verwilderte Hauspferde sind, handelt es sich beim Przewalskipferd um die mongolische Unterart des eigentlichen Urpferdes *Equus ferus*, wie es gegen Ende der letzten Eiszeit von Asien bis nach Spanien verbreitet war und in Lascaux vor 17 000 Jahren an die Höhlenwand gemalt wurde. Vor etwa 6000 Jahren kam es dann den Menschen in den Sinn, mit Pferden nicht nur ihren Bauch zu füllen, sondern sie auch vor einen Karren zu spannen und auf ihren Rücken zu reiten. So unterschiedlich Araberhengst und Brauereiross heute erscheinen mögen – sie stammen beide vom *Equus ferus* ab.

Die Jagd hatte in den letzten 2000 Jahren in Europa die verschiedenen Unterarten des Wildpferdes sukzessive eliminiert. Und als in der zweiten Hälfte des 19. Jahrhunderts in der Ukraine auch noch die letzten Steppentarpane erledigt waren, glaubte man das Wildpferd ausgestorben. 1878 erhielt der russische Major Nikolai Przewalski in Kasachstan an der chinesischen Grenze von einem Zöllner den Schädel und das Fell eines pferdeähnlichen Tieres, das einheimische Jäger weiter im Osten erlegt hatten. Przewalski vermutete eine noch unbekannte Art und brachte die Trophäen nach St. Petersburg zum Zoologen Poljakow, der das Tier schliesslich als neue Wildpferdart beschrieb: *Equus przewalskii* (später wurde es als Unterart *Equus ferus przewalskii* klassiert).

Die Entdeckung neuer Wildpferde war eine wissenschaftliche Sensation. Die Zoologischen Gärten und die Sammler seltener Wildtiere wollten alle so ein Wildpferd haben. Um die Jahrhundertwende setzten Fangaktionen im grossen Stile ein. 1899 gelang es dem deutschen Gutsbesitzer Friedrich von Falz-Fein, von mongolischen Jagdtrupps sieben Fohlen zu erwerben. Man beschränkte sich auf Fohlen, weil erwachsene Wildpferde für die Häscher viel zu schnell und zu ungestüm waren. Und die Fohlen bekam man auch erst nach stundenlanger Hatz mit Rennpferden in die Schlinge, wobei der Leithengst, der jeweils seine Familie zu verteidigen suchte, kurzerhand erschossen wurde. Anfangs überlebten die gefangenen Fohlen nicht lange, da sie die Schafsmilch, die man ihnen gab, nicht vertrugen. Erst als man Hauspferdstuten als Ersatzmütter organisierte, überstanden die Wildpferdfohlen das Kidnapping. Aber selbst dieser Ammendienst war von Brutalität begleitet: Damit die Stute überhaupt ein fremdes Fohlen an die Zitzen liess, tötete man ihren eigenen Nachwuchs und verkleidete die Przewalskifohlen mit dem der Amme vertrauten Fell.

Besonders aktiv war der Hamburger Tierhändler Carl Hagenbeck. Er brachte im Jahre 1901 für den Herzog von Bedford und für etliche Zoos in Europa und in den USA 28 halbjährige Przewalskifohlen in den Westen – 24 weitere Wildfänge waren entweder schon in der Mongolei oder auf dem monatelangen Transport zugrunde gegangen. Zudem brachten die Hagenbeck-Expeditionen Skelette und Felle für Museen. So kam auch das Zoologische Museum der Universität Zürich zu seinen zwei ausgestopften Wildpferden. 1903 war die Sammlerwut bereits vorbei. Das Geschäft war immer schwieriger geworden, denn die Fangaktionen hatten die Herden zersprengt und in unzugängliche Wüstengebiete getrieben.

Insgesamt erreichten nur 55 Przewalskipferde lebend den Westen. Trotz jahrzehntelangen Bemühungen vermehrten sich die Tiere nur schlecht. Nach grösseren Verlusten im Zweiten Weltkrieg war 1956 der weltweite Zuchtbestand auf 41 Tiere geschrumpft. Illegale Jagd, aber auch die Konkurrenz durch mongolische Viehherden an den kargen Wasserstellen hatten die freilebenden Wildpferde mittlerweile ebenfalls dezimiert. 1968 wurde in der Wüste Gobi zum letztenmal eine Wildpferdfamilie beobachtet. In den siebziger Jahren begriff die Fachwelt endlich, dass sich das Przewalskipferd nur mit einem weltweit koordinierten Zuchtprogramm retten liess. Denn die insgesamt lediglich auf 13 verschiedenen Wildtieren ruhende genetische Basis war verkümmert, weil die Zuchtstationen aufeinander eifersüchtig waren und sich voneinander abschotteten. Der gezielte Austausch von Zuchttieren führte prompt zum erhofften Aufschwung. 1980 gab es in Gefangenschaft bereits 416 Wildpferde. Heute leben an über 175 Orten um die 1800 Tiere.

Die Zeit war reif geworden, das Wildpferd wieder in seiner Heimat in der mongolischen Wüste anzusiedeln. Man war sich allerdings einig, dass man die Zootiere nicht einfach in die Wüste entlassen konnte. Denn in den hundert Jahren im Asyl hatten sich die Wildpferde an energiereiches Futter und menschliche Obhut gewöhnt. Das gefangene Wildpferd stand allzuoft in der Einzelbox. Das Leben in Freiheit erfordert aber ein ständiges Sich-Bewegen in Wind und Wetter, ein fortwährendes Horchen, Gucken und Schnuppern im engen Sozialverband.

In den letzten Jahrzehnten war ausserdem die mongolische Steppe mehr und mehr vertrocknet, das ohnehin karge Futter noch weniger geworden. In einer aufwendigen Analyse untersuchte in den achtziger Jahren ein russisch-mongolisches Forscherteam, wo überhaupt ein Ansiedeln von Wildpferden noch aussichtsreich wäre. Man registrierte in 17 Gebieten die Anzahl der Haustiere und der verwilderten Hauspferde, zählte die Wasserstellen, mass den Ertrag der Weiden, klärte die Häufigkeit blutsaugender Insekten, das Vorhandensein natürlicher Verstecke und wintersicherer Einstände ab. Die Note eins erhielten die Vorhügel des Tachin-Shar-Nuruu in der Dschungarischen Senke der Wüste Gobi im Südwesten der Mongolei. Dies war just der Ort, wo bis in die sechziger Jahre die Wildpferde noch heimisch gewesen waren. Dort war ausserdem bereits das Naturreservat Gobi B mit einer Fläche von einem Drittel der Schweiz ausgesondert. So bestand ein gewisser Schutz vor Störungen.

1992 begann die deutsche Christian-Oswald-Stiftung im Tachintal am nordöstlichen Rand des Reservates, die ersten Przewalskipferde an die mongolische Umwelt zu gewöhnen. Die Schweiz beteiligt sich unter der Leitung von Ewald Isenbügel von der Veterinärmedizinischen Fakultät der Universität Zürich und Christian Stauffer vom Stadtforstamt Zürich massgeblich am Projekt. Entlang einem Bach wurden Gatter mit Flächen von bis zu einem Quadratkilometer eingerichtet. Zwischen 1992 und 1997 flog man insgesamt 40 Wildpferde in die Mongolei. In den Gehegen werden die Tiere nur noch im Winter gefüttert und veterinärmedizinisch zurückhaltend betreut. In diesen ersten Jahren ist ein Drittel der Tiere gestorben. Offenbar sind die Umstellung auf hartes Klima und karge Nahrung sowie die Belastung durch Parasiten doch enorm gross. Damit die Tiere in den ersten Monaten nicht auch noch durch sozialen Stress belastet sind, will man künftig die Pferde schon vor dem Transport zu passenden Gruppen zusammenstellen oder im Tachintal vorerst als konfliktarme Gruppen (etwa als reine Stutengruppen) halten.

Besser erging es den mittlerweile im Tachintal Geborenen. Bereits sind 14 gesunde Fohlen zur Welt gekommen, die mit der harschen Umwelt erstaunlich gut fertig werden. Drei der Jungtiere kamen trotzdem um. Die Fohlen ertranken bei Hochwasser im Bach.

Der endgültige Härtetest kommt am Tag, an dem die Gatter geöffnet werden. Im Herbst 1995 liess man eine etablierte Stutengruppe mit einem erfahrenen Leithengst erstmals frei. Die etwas gar fürsorglichen mongolischen Verantwortlichen trieben jedoch die Tiere aus Angst vor Wölfen häufig ins Gehege zurück. Immerhin konnten sich die Pferde an die weitere Umgebung gewöhnen. Im Sommer 1997 war die Herde endgültig frei. Berittene Betreuer treiben nun die Wildpferde zum Kennenlernen an einzelne Quellen oder locken sie im Winter mit Futter an weitere Schlüsselstellen im Reservat. Im Sommer 1998 wurde eine zweite Gruppe freigelassen. Man rüstete die Tiere mit Radiosendern aus, damit man endlich genauer erfährt, wie sich Pferde in der freien Natur verhalten. Die Wildpferde waren nämlich vor dreissig Jahren aus ihrem letzten Verbreitungsgebiet verschwunden, bevor die Zoologen ihr natürliches Verhalten überhaupt hatten erforschen können.

Schnappfalle und Dreigangschaltung

Der tüftelnde Homo sapiens hat schon früh der vielfältigen Natur den einen und andern Trick abgeschaut. So beobachtete Leonardo da Vinci den Vogelflug und schlug eine Flugmaschine mit flatternden Flügeln vor. Die Sache erwies sich in der Praxis allerdings als derart vertrackt, dass unsere Flugzeuge bis heute anstatt einer mechanischen Gesamtlösung ein mehr oder weniger starres Flügelprofil für den Auftrieb und zusätzlich Propeller oder Düsen für das Vorwärtskommen brauchen. Wie die Vögel den Menschen zum Abheben inspirierten, lockten die Fische ihn ins Wasser: Vor 200 Jahren schnitt Sir George Cayley gefrorene Forellen in Scheiben und konstruierte gemäss diesen Querschnitten ideale Schiffsrümpfe. In neuerer Zeit kopierte man die Schuppenhaut der Schlange für Langlaufski; die Waben der Honigbiene führten zu besseren Lautsprechermembranen.

Findet der Mensch selber die technische Lösung, muss er oftmals später erkennen, dass ihm die Natur um Jahrmillionen zuvorgekommen ist. So erhielt 1904 Christian Hülsmeyer ein Patent auf sein «Telemobiloskop», eine Verkehrskontrolle mit Hilfe von Funkwellenechos. 1938 zeigten dann Untersuchungen an Fledermäusen, dass diese Tiere Ultraschallsignale für just solche Echoortung beim Aufspüren von Beute und Erkennen von Hindernissen einsetzen. Zwei erst kürzlich entdeckte Einrichtungen haben die Biologen ganz besonders beeindruckt.

Man beobachtete schon früh Ameisen, die ihre Kiefer bis zu 180 Grad weit spreizen und dann mit einem hörbaren Klick wie Mausefallen zuschnellen lassen. Damit packen sie andere Insekten, durchbohren aber auch ohne weiteres die Haut des vorwitzigen Zoologen. Aber erst vor etwa zehn Jahren wurden die wehrhaften Tierchen genauer unter die Lupe genommen. Und die Forscher fanden die schnellsten Tiere der Welt.

Wir mögen wohl den Sprint des Gepards, den Sturzflug des Falken, das Flitzen des Schwertfisches bewundern: Sie sind lahme Gesellen im Vergleich zu gewissen Akteuren der Insektenwelt. Registriert eine Schabe eine bedrohliche Erschütterung, ist sie nach 40 Millisekunden verduftet. Ein Floh braucht sogar nur eine einzige Millisekunde, um hochzuspringen. Geschwindigkeit war im ewigen Fressen und Gefressenwerden schon immer ein Trumpf. Daher mussten sich auch Ameisen, die von extrem flinker Beute leben wollten, etwas Besonderes einfallen lassen. Mit dem Schnappfallenkiefer schufen sie den schnellsten bisher gefundenen Mechanismus der Natur. Mittlerweile hat man in den tropischen und warmen Klimazonen 27 Gattungen solcher Ameisen entdeckt.

In den letzten Jahren ist es den Zoologen Bert Hölldobler, Jürgen Tautz und Wulfila Gronenberg von der Universität Würzburg gelungen, den Geheimnissen des

Schnappfallenkiefers auf die Spur zu kommen. Studienobjekt war *Odontomachus bauri*, ein speziell flinker Kerl. Mit einer Hochgeschwindigkeitskamera filmten die Forscher mit 3000 Bildern pro Sekunde das Zuschnappen der Kiefer. Auf einem der Bilder stand der Kiefer noch weit offen – und auf dem nächsten war die Falle bereits zu. Was für die gesamte Kieferbewegung weniger als ein Drittel einer Tausendstelsekunde ergibt. Die Würzburger haben für die Enden der 1,8 Millimeter langen Kiefer eine Geschwindigkeit von 17 Meter pro Sekunde berechnet. Wäre die Ameise so gross wie ein Mensch, ergäbe dies eine Ohrfeige mit 4,7 Kilometern pro Sekunde – 14mal schneller als der Schall und sehr viel flinker als eine Gewehrkugel.

Es gibt aber keinen Muskel, der sich nur annähernd so rasch zusammenziehen kann. Wie also funktioniert der Schnappfallenkiefer? Elektronenmikroskopische Aufnahmen haben den Trick enthüllt. Die Kiefer der Ameise tragen an der Basis eine Nocke, die in eine entsprechende Vertiefung im Drehgelenk passt. Geht die Ameise auf Jagd, öffnet sie die Kiefer, bis die Nocken einrasten. Dann zieht das Tier mit einem riesigen Spannmuskel, der 70 Prozent des Kopfvolumens füllt, die gesamte vordere Kopfkapsel nach hinten und speichert mit solch elastischer Verformung des Skeletts enorm viel Energie. Jetzt genügt am Kiefergelenk schon ein kleiner Muskel, um wie ein Abzughahn die Nocke aus der Arretierung zu ziehen: das Katapult zischt los.

Rasantes Zuschnappen ist nur sinnvoll, wenn das Tier entsprechend schnell schaltet. Odontomachus besitzt an der Basis der Kiefer Sinneshaare, die genau so weit schräg nach vorne ragen, wie die Kiefer lang sind. Nähert sich nun die Ameise einer potentiellen Beute, erkundet sie erst ganz sachte mit ihren beiden Riechantennen den genauen Ort des Ahnungslosen und schiebt sich langsam zurecht. Sobald sie in günstiger Position ist, zuckt die Ameise nach vorn, die Sinneshaare berühren das Opfer, und der Kontaktreiz rast als elektrisches Signal durch Nervenbahnen Richtung Hirn. Dort springt der Funke sofort auf jene Nerven über, welche die Muskeln der Kieferarretierung aktivieren. Damit die Meldung möglichst rasch erfolgt, hat Odontomachus die dicksten Elektrofasern entwickelt, die es im Tierreich überhaupt gibt. So braucht die gesamte Befehlsübermittlung von der Spitze der Sinneshaare über das Gehirn bis zum Katapultabzug nur 4 Millisekunden – ein Rekord im zoologischen Meldewesen.

Schnappfallenkiefer dienen ausserdem als Luftwaffe. Indem sie ihren Kopf gegen eine harte Unterlage richten und die Kiefer zuschnappen lassen, können sich die Ameisen einen halben Meter weit durch die Luft katapultieren – und einem anrückenden Feind auf dem Rücken landen, wo der Giftstachel dann als Waffe dient. Durch bestimmte Muskelsteuerung kann Odontomachus den Schleudermechanismus jedoch ausschalten und so die sonst brutalen Kiefer mit grosser Behutsamkeit führen. Mit dem sanften Modus pflegt die Ameise ihren Körper oder trägt die empfindliche Brut durchs Nest.

Eine besonders schwierige Beute haben Ameisen der Gattung *Strumigenys*. Sie jagen Springschwänze – flügellose Insekten, die an der Körperunterseite eine Furcula, einen gegabelten Anhang, besitzen, mit dem sie sich bei der leisesten Gefahr in Sicherheit bringen können. Die Furcula funktioniert ebenfalls millisekundenschnell mit vorgespanntem Schleudermechanismus – Strumigenys hat für ihre Schnappfallenkiefer eine ebenbürtige Herausforderung gefunden. Und da Springschwänze selbst zwischen den Ameisenkiefern noch zappeln, gibt ihnen Strumigenys mit dem Giftstachel den Rest. Dabei ist wiederum Geschwindigkeit oberstes Gebot: Damit die Ameise nach dem Fang nicht erst an ihren Stachel denken muss, blitzt das Elektrosignal für das Kieferschnappen gleich weiter zum Körperende und krümmt automatisch den stachelbewehrten Hintern nach vorn. So kommt es, dass die Ameise einen imaginären Springschwanz sticht, falls der echte der Kieferfalle entschlüpft sein sollte.

Mindestens so aufregend wie der Schnappkiefer war für die Fachwelt die Entdeckung einer Dreigangschaltung an den Flügeln der Schmeissfliege *Calliphora erythrocephala*. Der sehr rasche Flügelschlag kann auch hier nicht durch normale, direkte Muskelarbeit geleistet werden. In der Insektenbrust versetzen eingespannte Längs- und Quermuskeln die steife Brustkapsel wie eine elastische Feder in schnelle Schwingungen; diese überträgt ein spezieller Mechanismus auf die Flügelgelenke und setzt sie dort in Flügelbewegungen um. Mit zusätzlichen Muskeln, die jetzt direkt an den Flügeln angreifen, können Anstellwinkel und Profil des Flügels justiert werden, was sowohl den Auftrieb verändert als auch Flugmanöver erlaubt. Eine wichtige Feinsteuerung ist ausserdem die Schlagamplitude, also die Länge des Bogens, den der Flügel während des Schlages nach unten und oben beschreibt. In den siebziger Jahren tauchte die Vermutung auf, die Schlagamplitude werde bei der Schmeissfliege durch eine Art Gangschaltung reguliert.

Alfred Wisser und Werner Nachtigall von der Universität Saarbrücken gingen der Sache auf den Grund – und fanden eine veritable Dreigangschaltung: Mit dem Flügelgelenk kombiniert ist ein «Getriebegehäuse», ein dreihöckriger Knorpel, dem ein gefurchter Zahn aufsitzt. Steuermuskeln können diesen Zahn seitwärts zu den verschiedenen Knorpelhöckern ziehen und dort einrasten. Die unterschiedliche Zahnstellung verändert nun die Position der Drehachse beim Flügelgelenk, was zu unterschiedlich grosser Schlagamplitude führt. So kann die Fliege ähnlich einem Pferd verschiedene Gangarten wählen. Sie kann mit den Gängen aber auch die Flugbahn ändern, indem sie die beiden Flügel unterschiedlich schaltet.

Warum die Lemminge alle paar Jahre losziehen,
ist nach wie vor rätselhaft.

Wie die Lemminge

Je mehr sich der Sommer zu Ende neigt, breiten sich die Lemminge erst in dem obersten Waldgebiet aus und dann immer weiter hinunter, um im Herbst eine der grossartigen Wanderungen zu unternehmen, wobei die sonst so scheuen Tiere massenweise rücksichtslos vorwärtsdrängen und kaum irgend etwas ausweichen. Sie bahnen sich unentwegt vorwärts, verwegen und alles scheltend und sich selbst oft wütend und nutzlos zur Wehr setzend.» So beschreibt ein Zoologiehandbuch um die Jahrhundertwende die legendären Wanderungen der Berglemminge im hohen Norden. Und ein norwegischer Forscher berichtet, wie im Jahre 1868 ein Dampfer im Trondheimfjord mit voller Fahrt mehr als eine Viertelstunde durch eine gewaltige Schar schwimmender Lemminge pflügte.

Die «Lemmingzüge» werden bereits in einer norwegischen Bibelübersetzung des 12. Jahrhunderts erwähnt, wo man sie mit der Heuschreckenplage in Ägypten vergleicht. Beobachter aus dem Mittelalter berichten, wie Lemminge «in unerhörter Zahl aus der Luft herunterfallen» und dass der Biss dieser Tiere giftig sei. In Norwegen fürchtete man die Lemminge wie die Pest. Um die Invasion abzuwenden, wurden in den Kirchen Gebete verlesen. Bis in die neuere Zeit hielt

sich der Glaube, die Lemminge seien von Todessehn-
sucht beherrscht, die sie zum kollektiven Selbstmord in
die Flüsse und Fjorde treibe.

Die moderne Wissenschaft begegnet den historischen
«Augenzeugen» mit Skepsis. Mitte dieses Jahrhunderts
verwiesen etliche Forscher die Berichte über Lemmingzüge kurzerhand ins Reich der Phantasie. Zu Unrecht.
Denn umfangreiche Studien skandinavischer und
russischer Forscher haben mittlerweile gezeigt, dass
Lemmingzüge tatsächlich existieren und manche der
sagenhaften Geschehnisse eine reale Wurzel haben.
Über das Wie und vor allem das Warum bleiben aber
manche Fragen. Der schwedische Zoologe Kai Curry-
Lindahl hat sich um die Lemmingforschung besonders
verdient gemacht. Er arbeitete über dreissig Jahre lang
praktisch jeden Sommer im skandinavischen Bergland
und sammelte in den «Lemmingjahren» 1959 bis 1961
eine Fülle von Daten, die er im Buch «Der Berglemming»
faszinierend darstellt.

Um die Bedeutung der spektakulären Lemmingzüge
zu verstehen, muss man das Leben der Lemminge in
normalen Jahren kennen. Der Berglemming (*Lemmus
lemmus*) ist ein Nagetier und gehört zur Familie der
Hamster und Wühlmäuse. Er führt in Norwegen,
Schweden, Finnland sowie auf der russischen Halbinsel
Kola in den Heiden und Tundren oberhalb der Baum-
grenze ein diskretes Leben weitab von menschlichen
Niederlassungen. Im Sommer bevorzugt der Lemming
in der sonst kargen Bergheide jene üppigen Stellen, wo
in feuchten Talmulden zwischen den zahlreichen Steinen

Moore mit Wollgras liegen und Seggenwiesen und dichte Moosteppiche wachsen. Hier schafft er sich ein Netz offener Laufgräben als Verbindungswege zu Verstecken, Nestern und Fressplätzen. Auch geht er ohne weiteres ins Wasser und schwimmt mit raschem Schlag der Hinterbeine kilometerweit.

Der Schutz durch Laufgräben und die Steine als Verstecke sind lebenswichtig, denn der Feinde sind viele. Eisfuchs, Wolf, Eule, Falke und Raubmöwe bedrohen den kleinen Nager; Hermelin und Mauswiesel folgen ihm sogar in den Laufgang. Wird ein Lemming attackiert, setzt er sich zischend und knirschend mit Krallen und Zähnen zur Wehr. So hatte Tiervater Brehm höchstpersönlich einen wütenden Lemming am Hosenbein, als er im Jahre 1860 die rätselhaften Tiere in Norwegen studierte.

Obschon der Lemming das Wegnetz mit Artgenossen teilt, ist er ein ausgesprochener Einzelgänger. Treffen zwei Tiere im Graben aufeinander, gehen sie sich aus dem Weg oder es kommt zu einer bösen Rauferei. Vor allem die Weibchen dulden in der Umgebung ihres Nestes keine Störung. Sie weisen die offenbar fast immer paarungsbereiten Männchen mit Drohgebärden ab, boxen mit den Vorderpfoten und beissen das weichende Männchen in den Hintern. Nur wenn sie brünstig sind, akzeptieren die Weibchen mehrere Männchen bis zu fünfzigmal kurz nacheinander für nur wenige Sekunden lange Kopulationen.

Vor dem langen nordischen Winter wandert der Lemming in die trockenen Gebiete der Heide, wo er sich ein Gangsystem in die Schneedecke gräbt. Der saisonale Ortswechsel führt meist nur über wenige hundert Meter. Der Nager sucht sich windgeschützte Hangmulden, die sich meterhoch mit Schnee füllen. Unter der weissen Isolation ist er sowohl vor grosser Kälte wie vor Feinden geschützt und findet am Boden als Nahrung weiterhin die von ihm bevorzugten Moose.

Im versteckten Winterquartier liegt einer der Gründe für die periodische Bevölkerungsexplosion der Lemminge. Denn selbst unter der Schneedecke vermehren sich in gewissen Jahren die Lemminge weiter, mit unglaublicher Fruchtbarkeit: Nach etwa zwanzig Tagen Tragzeit wirft das Weibchen bis zu einem Dutzend Junge, die nach zwei Wochen selber geschlechtsreif sind. Schon Stunden nach einem Wurf können die Weibchen wieder brünstig sein. So folgt sich Wurf um Wurf. Schmilzt dann im späten Frühjahr der Schnee, wieseln plötzlich überall buntgescheckte Tierchen durchs Moos, wo vor Monaten noch kaum eines zu sehen war. Diese Fruchtbarkeit ist wohl der Grund für die Legende, die Lemminge regneten direkt aus dem Kosmos auf die Erde.

Wechselt nun ein stark gewachsener Lemmingstamm wieder ins Sommerquartier, hat sich die Lage verändert. Mancher Lemming findet am Ziel keinen günstigen Unterschlupf und tigert deshalb ziemlich nervös herum. Die im Wettbewerb um einen geschützten Platz erfolgreichen Weibchen haben aber weiterhin massenhaft Jungvolk. Gegen Sommerende eskaliert die Krise. Ein Grossteil der Lemminge ist jetzt den Räubern wie den Artgenossen schutzlos ausgeliefert – aus den normalerweise scheuen Tieren ist eine aggressive Horde im Dauerstress geworden.

Und plötzlich bricht das tausendfach gewachsene Volk zum Lemmingzug auf. Mit unheimlichem Pfeifen und Lärmen strömen die Tiere in den tiefer gelegenen Wald, Birken- und Nadelwald, ziehen über Wiesen und Felder und machen selbst vor Ortschaften nicht halt. Städte wie Östersund, Trondheim und Oslo wurden immer wieder von Lemmingen heimgesucht. Im Gegensatz zum saisonalen Hin und Her sind Lemmingzüge lange Wanderungen, die hundert Kilometer und weiter führen können. Nach Monaten erreichen die Tiere auf dem Umweg über das Tiefland wieder günstige Bergheiden und werden sesshaft.

Sogar im Exodus halten die Tiere untereinander Distanz. Zum lebenden Teppich wird der Lemmingzug erst dort, wo etwa eine Küste als Landzunge im Fjord endet, wo menschliche Siedlungen die Tiere ängstigen. Dann laufen die Individualisten zum Haufen auf, die Menge wird immer erregter und drängt schliesslich panikartig weiter. Viele Tiere überleben. Türmen sich allerdings auf dem Wasser hohe Wellen oder warten im Dorf hungrige Hunde, wird die Reise tödlich. Wie massenreich solche Lemmingzüge sein können, hat Curry-Lindahl dokumentiert: Beobachtete er in normalen Jahren im Hochland einige hundert Tiere pro Quadratkilometer, waren es 1960 auf schwedischen Bergheiden über 4000 und an den zufälligen Sammelorten gegen 30 000 Tiere.

Vorläufig noch rätselhaft ist, warum Lemmingzüge im Rhythmus von drei bis vier Jahren auftreten. Manchmal verzögert sich die Bevölkerungsexplosion um ein oder mehrere Jahre, etwa wenn im Winter ein Wärmeeinbruch die Neugeborenen im Schmelzwasser ersäuft. Mindestens so rätselhaft ist auch das Ende eines Lemmingzugs. Denn kaum hat ein Stamm neues Heideland erreicht, verschwindet fast das gesamte Volk ebenso rasch wieder vom Erdboden, wie es Monate vorher entstanden ist. Als Hypothese für das Massensterben wird von den Biologen eine Schwächung der Tiere durch den Übervölkerungsstress genannt, was durch verminderte Immunabwehr zu erhöhter Krankheitsanfälligkeit führen könnte.

In der Tat werden in Lemmingjahren vermehrt Epidemien wie die Tularämie festgestellt, eine bakterielle Infektion, die auf den Menschen übergehen kann. Vielleicht liegt hier der Kern der Legende über die «Giftigkeit» der Lemminge. Plausibel erscheint auch die Vermutung, beim Wiederverschwinden der Lemminge spiele ein rapider Rückgang der Fruchtbarkeit eine Rolle – eine Selbstregulation, die auf stressbedingten Änderungen im Hormonhaushalt beruhen dürfte.

Bleibt die Frage, warum sich Lemminge überhaupt diesen Populationsexzess leisten, um anschliessend beinahe ausgerottet zu werden. Beobachtungen deuten darauf hin, dass die Lemmingzüge eine Strategie zur besseren Biotopnutzung sind. Denn das Moos auf der kargen Heide wächst nur langsam, und die Nahrungsbasis ist entsprechend limitiert. Indem die Lemminge alle paar Jahre auf neues Heideland ziehen, kann sich das strapazierte Biotop wieder erholen. Die Lemmingstämme nutzen so vermutlich das gesamte skandinavische Bergland immer nur fleckenweise nach dem Zufallsprinzip. Die risikoreiche Reise und der monatelange Verzicht auf ein schützendes Gangsystem können aber nur dank temporärem Gigantismus verkraftet werden.

Ein arg verleumdeter Vogel

Sie waren uns schon früher durch ihr Gekrächze unangenehm aufgefallen. Als sie aber letztes Jahr innert Tagen den Kirschbaum plünderten, setzten wir die Elstern auf die Liste der unerwünschten Gäste.

Dieses Jahr wollten wir dem hoch auf der Buche nistenden Paar den Aufenthalt im Garten irgendwie vermiesen. Ein alpinistischer Angriff aufs Nest war jedoch zu schwierig. Dafür hängten wir dem Kirschbaum im Frühling allerhand Bewegtes ins Geäst. Ziemlich vergeblich. Nach ein paar Tagen der Vorsicht vergnügten sich die Vögel auch diese Saison wieder am süssen Angebot. Und wenn wir zornig unter den Baum rannten, um mit Händeklatschen das Besitzerrecht zu reklamieren, quittierten die Gesellen unser Bemühen mit lautem Hohn.

Dabei sind die lästigen Vögel wunderhübsch. Das tiefschwarze Kleid, der weisse Bauch, der lange, wippende Schwanz, die im Flug aufblitzenden hellen Felder auf den stahlblau schimmernden Schwingen – weit eher Attribute eines Paradiesvogels denn eines Mitglieds der Familie der Rabenvögel, wozu die Elster gehört.

Unsern Ingrimm dahinschmelzen liess schliesslich jener Kerl, der im Nachbargarten aufkreuzte. Obschon er durch ein Ungeschick den ganzen Schwanz verloren hatte, flatterte er in seltsamem Wellenflug von Hausdach zu Hausdach und wehrte sich tapfer gegen die ihn bedrängenden Krähen. Jetzt gab es in der Elternschar eine Persönlichkeit, der wir den Daumen drückten.

Die Abneigung der Menschen gegen die Elster hat Tradition. Bauern fluchen, weil sie ihnen das Obst und die Saat klaue. Jäger beklagen sich, sie vergreife sich an jungen Hasen. Für manche Vogelschützer ist sie ein rücksichtsloser Räuber von Eiern und Jungtieren kleiner Singvögel. Das Landvolk nahm in seinem tiefwurzelnden Hass schon immer ihre Nester aus. Laut Jagdstatistik werden in der Schweiz noch heute jährlich über 4000 Elstern geschossen.

Die Elster ist längst Teil unserer Kultur geworden. Wir hören ihr Schackern in über hundert deutschen Bezeichnungen, von Ägerschte, Alster, Gäckerhätze bis zu Keckersch, Schirigadl oder Tschokalaster. Die Familien Agassiz und Piaget führen sie in ihrem Namen; die Freiburger Gemeinde Agriswil hat den Vogel im Wappen. Zu Pulver gebrannte Elstern wurde von der Volksmedizin gegen Fallsucht, Augenkrankheiten oder Gicht empfohlen. Sogar das alte Rom äusserte sich zu ihrem Charakter. «Die Elstern sind von ausgeprägter Schwatzhaftigkeit. Sie finden Gefallen an den Worten, die sie sprechen. Es ist bekannt, dass sie sterben, wenn sie der Schwierigkeit eines Wortes nicht gewachsen sind», belehrte Plinius Secundus die Leser in seiner «Naturkunde». Aus dem italienischen «gazza» für Elster wurde die Bezeichnung «gazzetta» für Zeitung: Geschwätzigkeit als Programm. Das Kirchenvolk schliesslich verfluchte den Vogel, weil er beim Tode Christi nicht wie alle andern Vögel trauerte, sondern unbekümmert weiter-lärmte.

Wissenschaftliche Beobachtungen der neueren Zeit haben den schlechten Ruf der Elster gründlich widerlegt. Etwa den Vorwurf, sie vergreife sich häufig an den Singvögeln (zu denen die Elster trotz ihrer wenig melodischen Stimme selber gehört). Die Elster legt im April drei bis acht Eier und brütet sie etwa 18 Tage lang aus. Die nackt und blind schlüpfenden Jungen werden drei bis vier Wochen lang im Nest gefüttert und auch nach dem Ausfliegen noch einige Wochen von den Eltern betreut. Vor allem in dieser Zeit sind die Tiere auf nährstoffreiche Nahrung angewiesen. Sie holen sich deshalb auch Eier und Jungtiere anderer Vögel. Nach verschiedenen europäischen Untersuchungen macht solche Vogelbeute jedoch nur um die drei Gewichtsprozent der gesamten Elsternnahrung aus. Zudem brüten die meisten Singvogelarten mehrmals im Jahr und können Gelegeverluste bis in den Juli hinein durch Ersatzgelege kompensieren.

Lokal können Elstern den Bruterfolg von Kleinvögeln durchaus schmälern. Man hat jedoch noch nie eine durch Elstern verursachte grossräumige Bestandesabnahme bei Kleinvögeln festgestellt. Hingegen vermehren sich in Gegenden, wo es reichlich Futter gibt und wo natürliche Feinde wie Habichte und Krähen rar sind, nicht nur die Elstern, sondern auch Rotkehlchen, Gimpel und Zaunkönige. In der deutschen Stadt Osnabrück beispielsweise nahm zwischen 1984 und 1993 der Elsternbestand um fast das Dreifache zu. Gleichzeitig wuchsen die Bestände von 15 Kleinvogelarten um durchschnittlich 30 Prozent. Und die Amsel-population, die von Vogelfreunden als bevorzugtes Opfer der Elster gesehen wird, nahm sogar um fast 50 Prozent zu. Lediglich Buchfink und Grünfink zeigten einen Rückgang, waren aber insgesamt in ihren Beständen nicht gefährdet. Die Fachleute der Schweizerischen Vogelwarte in Sempach kennen in der Schweiz kein einziges Gebiet, wo eine Vogelart wegen der Elster verschwunden wäre.

Magenuntersuchungen an abgeschossenen Elstern haben aufschlussreiche Befunde zu Tage gebracht. Was die Elstern ihren Jungen ins Nest bringen, sind gegen 80 Prozent für die Landwirtschaft schädliche Tiere wie Maikäfer, Drahtwürmer, Rübenrüssler, Schnecken, Grillen sowie die besonders problematischen Kartoffelkäfer und Schnakenlarven. Weitere 10 Prozent des Futters sind Insekten, Spinnen und Würmer, die für die Landwirtschaft keine Rolle spielen. Und lediglich etwa 10 Prozent des Speisezettels sind für die Landwirtschaft nützliches Kleingetier sowie Vögel und Reptilien. Nutzpflanzen wie Körner von Mais, Weizen und Gerste machen weniger als ein Prozent der Elsternnahrung aus. Im Herbst jagen die Elstern auch Mäuse. So müssten neben den Vogelschützern die Landwirte ihre schlechte Meinung über die hübsche Plaudertasche ebenfalls revidieren.

Und was ist mit der «diebischen Elster»? Die sprichwörtliche Vorliebe des Vogels für auf dem Fensterbrett liegenden Schmuck ist gleichfalls Legende. Biologen haben bei freilebenden Tieren keinerlei Hang zu glänzendem Zeug entdeckt. Nur zahme Tiere nehmen gele-

gentlich ihren Herrschaften spielerisch einen Finger-
ring oder ein Goldkettchen von der Ablage.

Dass die Elster der jahrhundertelangen Verfolgung
durch den Menschen trotzen konnte, hat seinen biologischen Grund. Die Tiere bilden im Alter von etwa
einem Jahr Paare, die dann das ganze Leben zusammen-
bleiben. Das Paar sucht sich sein eigenes, ungefähr vier
bis sechs Hektaren grosses Revier und hält jahrelang
daran fest. Die beiden bauen sich jeden Frühling einen
neuen Horst, am liebsten im Wipfel eines hohen
Baumes, wo die Brut vor Feinden relativ gut geschützt
ist. Ein grosser Teil der Jungvögel findet jedoch kein
geeignetes Revier und schwärmt als Horde durch die
Gegend. Vertreibt man nun ein Brutpaar aus dem
Revier, füllt umgehend ein neues Paar aus dem Pool der
Ledigen die Lücke. Und schiesst man einen der Brut-
partner ab, sitzt innert Stunden ein Ersatz an der Seite
des verwitweten. So wird die Jagd auf die vermeintlich
schädliche Elster fast immer zum Schlag ins Leere.

Zum Problem für die Elster ist allerdings die wach-
sende Verstädterung geworden. Denn ursprünglich lebte
der Rabenvogel bevorzugt in der halboffenen Kultur-
landschaft mit hohen Bäumen und vielen Hecken als
Nist- und Schlafplätzen und einem reichen Insekten-
angebot auf den Wiesen.

Der Wandel der Landwirtschaft zum grossflächigen
Ackerbau hat den Lebensraum der Elstern empfindlich
geschmälert. Der Vogel verfügt jedoch wie alle Rabenvögel über ein relativ grosses Hirn und zeigt deshalb
enormes Talent, sich veränderten Situationen anzupassen.

Die Elster lernte, dass sich in den Parkanlagen der Städte und in den Gärten der Einfamilienhäuser ebenfalls gut leben lässt. Sie entdeckte die Komposthaufen und die Mülltonnen als reich gedeckte Tafel; sie merkte, dass auf den Strassen essbare Beute tot liegenbleibt; sie flattert zum Fussballmatch, wo gebackene Insekten an den Stadionscheinwerfern kleben. Und wenn hohe Bäume als Nistplatz fehlen, tut es auch ein Strommast oder ein Baukran.

Vor Jahrzehnten noch ein seltener Anblick, streifen jetzt grössere Schwärme von Elstern durch Dörfer und Städte. Die Bestandesaufnahmen der Schweizerischen Vogelwarte bestätigen die markante Zunahme der Elstern in Wohnsiedlungen. Vermutlich wird der Vogel in den kommenden Jahren in manchen Städten noch zahlreicher werden. Die dabei ebenfalls steigende Konkurrenz um Nistplätze und Futter wird aber dafür sorgen, dass das Elsternvolk nicht beliebig weiterwächst.

Und wie steht es insgesamt um die Elster? Zurzeit dürften gegen 40 000 Brutpaare in der Schweiz leben. Sie besiedeln bevorzugt das Mittelland, den Jura und die grossen Alpentäler bis auf etwa 800 Höhenmeter. Man hat aber auch schon brütende Elstern in St. Moritz und auf der Kleinen Scheidegg beobachtet; letztere liegt 2061 Meter hoch.

In den letzten zwanzig Jahren hat sich der Vogel neue Gebiete im Urnerland, in Seitentälern des Wallis und Graubündens erobert. Vor kurzem ist der schwarzweisse Rabenvogel sogar wieder in das Tessin zurückgekehrt. Dort hatte man ihn 1915 ausgerottet.

So dominant der Platzhirsch erscheinen mag,
sein Leben ist ständiger Kampf.

Sorgen eines Platzhirsches

Wer es je gehört hat, wird es nie mehr vergessen: das Röhren der Hirsche im Herbstwald. Die Val Trupchun im Schweizerischen Nationalpark ist berühmt für ihr Rotwild. Im September und Oktober liefern sich hier die Hirsche einen akustischen Wettkampf, der dem Besucher durch Mark und Bein geht.

Mit weit in den Nacken geworfenem Kopf steht der mächtige Hirsch in der Lichtung und brüllt den Anspruch auf seine Weibchen in den kalten Morgenhimmel. Wie einen Blitz, der dem Donner vorausgeht, sieht man am Berghang erst ein Dampfwölklein aus der Hirschkehle steigen, bevor Sekunden später das Dröhnen herüberdringt. Dem wilden Brüllen antworten mit ähnlicher Vehemenz die Rivalen, die selber gerne an der Stelle des Platzhirsches stünden.

Die wissenschaftliche Beobachtung einer Bergwiese im Nationalpark hat für die paar Brunftwochen pro Tag jeweils 15 Stunden fast pausenloses Röhren ergeben, mit akustischen Höhepunkten gegen 20 Uhr, um Mitternacht und in der Morgendämmerung. Ein Dutzend Hirsche brachten pro Nacht um die 25 000 Rufe zusammen.

Solches Brüllen braucht Kraft. Der Platzhirsch legt sich am Morgen erschöpft ins Gras, kaum noch fähig, das Maul zu öffnen, um etwas zu äsen. Ende Oktober ist der Held sichtlich dünner geworden – «abgebrunftet», wie es im Jägerjargon heisst. Kommt jetzt ein früher Winter, bleibt dem Stier kaum Zeit, sich ordentlich zu erholen. Der Macho bezahlt sein kräftezehrendes Gehabe nicht selten mit dem Leben.

Warum überhaupt der akustische Aufwand? Rothirsche leben die meiste Zeit des Jahres in getrennten Gruppen. Im Sommer bilden die Kühe mit ihren im Juni geborenen Kälbern sowie den Schmaltieren (im Vorjahr geborene Weibchen) und den Spiessern (junge Männchen mit erst dolchartigem Geweih) eine Mütter-Kinder-Gemeinschaft. Geführt von einer erfahrenen Hirschkuh, zieht das Rudel abends zur Kräuterwiese und kehrt bei Tagesanbruch in den Schutz des Unterholzes zurück. Dabei lernt der Nachwuchs vom Alttier, welches die sichersten Wechsel sind und wo die saftigsten Wiesen liegen.

Die Stiere verbringen den Sommer in der Männergruppe. In Rudeln bis zu 50 Tieren wechseln sie ebenfalls täglich zwischen Äsungsplätzen und sicherem Einstand. Nach dem Abfallen der Geweihstangen im Februar oder März ist den Männchen bis zum Juli unter dem Bast, einer nährenden Haut, ein neues Geweih gewachsen. Jetzt gilt es, die Knochenwaffe blank zu legen. An Bäumen oder Felsen reiben die Tiere stundenlang ihr Geweih, bis sich der Bast in blutigen Fetzen vom Knochen löst. Dem ungestümen Fegen folgt die Zeit des Schlagens, wenn die Stiere ihre Waffe ausprobieren. Als Sparringpartner dienen junge, mannshohe Bäumchen. Der ehemalige Nationalparkdirektor Robert

Schloeth berichtet von einem Hirsch, der innert einer halben Stunde vier junge Kiefern völlig ruinierte.

Der Rothirsch richtet das Geweih bald auch gegen die Kollegen. Vorderhand allerdings nur im Scheinkampf, einem spielerischen Gerangel, das sozialer Kontaktnahme wie auch dem Etablieren einer Rangordnung dient.

So lebt die Männerbande recht friedlich zusammen. Im September aber ändert sich das Bild. Die kürzer werdenden Tage lösen über die innere biologische Uhr einen Männlichkeitsschub aus – die Stiere kommen in die Brunft. Die älteren Tiere wandern jetzt zu ihrem persönlichen Brunftplatz, den sie schon in den Vorjahren besetzt hielten, und beginnen mit dem Röhren. Das akustische Signal lockt Weibchen herbei, die dann mit ihren Jungen nahe beim Platzhirsch äsen und lagern. Unablässig umkreist der Hirsch nun seinen Harem und treibt Kühe, die sich aus seinem Machtbereich entfernen wollen, beharrlich zum Brunftplatz zurück.

Versuche mit Tonbandaufnahmen haben gezeigt, dass das Röhren des Hirsches hilft, bei den Weibchen die Brunft auszulösen. Da sie nur wenige Stunden paarungsbereit sind, muss der Stier den einzelnen Kühen immer wieder nachlaufen und durch Beriechen und Belecken prüfen, ob der Zeitpunkt zur Begattung endlich gekommen ist.

Neben dem anstrengenden Haremsgeschäft wird der Platzhirsch auch im Kampf mit der Konkurrenz gefordert. Obwohl bereits mit zwei Jahren geschlechtsreif, gelingt es den Stieren erst ab etwa dem fünften

Jahr, sexuell mitzumischen. Und zum Platzhirsch mit einem währschaften Harem bringen es meist nur siebenjährige oder noch ältere Stiere. Die jüngeren Habenichtse lauern an der Peripherie und warten, bis der Platzhirsch entkräftet ist. Mit seinem Röhren demonstriert (und verrät) der Platzhirsch den Konkurrenten seine momentane körperliche Verfassung. Denn je häufiger und kräftiger das Brüllen und je tiefer die Tonlage, desto mächtiger und fitter ist der Schreihals – man hört ihn über Hunderte von Metern hinweg.

Hat ein Rivale den Eindruck, er könne mit seiner Stimme allenfalls mithalten, rückt er dem Platzhirsch auf den Pelz. Dieser hat mittlerweile an der Stimmgewalt des Herausforderers erkannt, dass Schwierigkeiten bevorstehen. Jetzt nehmen die beiden optisch Mass. In seltsam steifem Gang marschieren sie in etwa zehn Meter Abstand parallel nebeneinander. Sie röhren, schütteln das Haupt mit der wehenden Brunftmähne und prüfen aus den Augenwinkeln, wie gross der Gegner wirklich ist. Oftmals genügt dieser Imponiermarsch, um die Machtfrage zu klären. Denn wähnt sich einer der beiden offensichtlich schwächer – gegen Ende der Brunftzeit kann dies durchaus der entkräftete Platzhirsch sein –, ergreift er die Flucht und erspart sich so eine wenig aussichtsreiche körperliche Auseinandersetzung.

Bei vermuteter Chancengleichheit aber kommt es zum Kampf. Innert Sekundenbruchteilen beziehen die Tiere frontal Position. Mit gesenktem Kopf stürzen sie los; krachend prallen die Geweihe aufeinander. Wie Schwinger im Sägmehlring versuchen sich die Gegner mit aller Kraft wegzudrücken. Wird schliesslich einer der Hirsche zurückgedrängt, sucht er sein Heil in der raschen Flucht. Sieger wie Besiegter bleiben meist unverletzt. Denn so bedrohlich ein Hirschgeweih erscheinen mag, die vielen Verzweigungen der knöchernen Turnierwaffe dämpfen wirkungsvoll auch den heftigsten Stoss. Allerdings tragen alte Hirsche manchmal statt des verästelten Geweihs nur noch zwei lange Stangen. Dann kann es passieren, dass der Gegner nach dem Kampf zu Tode «geforkelt» liegenbleibt.

Vom Ausruhen auf den Lorbeeren nach dem Streit nun keine Spur. Falls sich der Platzhirsch gegen den Herausforderer behaupten konnte, muss er sofort wieder röhren, was das Zeug hält, denn am Platzrand tummeln sich bereits weitere Rivalen. Und da die eine und andere Hirschkuh das Gefecht als Chance sah, sich aus dem Staub zu machen, hat der Pascha mit der Hausordnung wieder seine liebe Not.

War der Herausforderer siegreich, ist auch ihm keine Ruhe vergönnt. Denn er steht jetzt an der Stelle des abgehalfterten Platzhirsches und hat mit den Wonnen zugleich die Lasten eines Haremsbesitzers geerbt.

Eine Langzeitstudie an schottischen Rothirschen hat gezeigt, dass die Hälfte der gesamten Nachkommenschaft von gerade zwölf Prozent der erwachsenen Männchen gezeugt wird. Aber auch bei den Weibchen gibt es markante Unterschiede im Fortpflanzungserfolg. Über die Hälfte aller Jungen stammt von nur einem Viertel der erwachsenen Weibchen. Das ist wenig verwunderlich, denn bei den Weibchen gibt es ebenfalls körperlich überlegene Individuen, die ihre Geschlechtsgenossinnen von den besten Futterplätzen vertreiben und so sich und ihren Kälbern einen Ernährungsvorteil verschaffen.

Erstaunlicher ist die Beobachtung, dass Weibchen aktiv eine eigene sexuelle Strategie verfolgen. Starke, dominante Weibchen säugen männliche Junge länger und häufiger als weibliche. Das intensivere Gesäugtwerden und der bessere Futterzugang lässt dann aus den Söhnen der dominanten Weibchen überdurchschnittlich starke Männchen werden: künftige Platzhirsche. Damit optimiert ein dominantes Weibchen die persönliche Fortpflanzung, denn in den vielen Nachkommen der Platzhirsche leben ihre Gene ebenso fort.

Ganz anders beim untergeordneten Weibchen. Seine Chance, kräftige Söhne zu haben, ist gering. Ein schwacher Sohn wird dem Muttertier kaum je Enkel bringen. Deshalb bevorzugen untergeordnete Weibchen bei der Kinderbetreuung die Töchter, die dann pro Jahr zwar höchstens ein Kalb haben, dies dafür aber ab dem Alter von etwa 4 Jahren bis gegen 17.

Vollends erstaunlich ist die Tatsache, dass mütterliche Präferenz bereits bei der Befruchtung spielt. Dominante Weibchen bringen nämlich 70 Prozent männliche Jungtiere zur Welt, während es bei den untergeordneten Weibchen nur 30 Prozent sind. Wie das Hirschweibchen die Spermien entsprechend der Geschlechtschromosomen manipulieren kann, ist noch ein Rätsel. Möglicherweise beeinflussen die Weibchen über körpereigene chemische Prozesse den Transport der Spermien im Eileiter.

Die Nebeltrinker

Eine Wüste ist per Definition eine Gegend, wo pro Jahr weniger als 100 Millimeter Regen fallen (im Schweizer Mittelland sind es um die 1000 Millimeter). Eine der extremsten Wüsten ist die Namibwüste im südwestlichen Afrika, die sich als 100 Kilometer schmales Band 2000 Kilometer entlang der gesamten Atlantikküste von Namibia erstreckt.

Eine Ursache für Namibias Wüstengürtel ist paradoxerweise der Ozean. Denn parallel zur Küste fliesst von der Antarktis her in Richtung Äquator der Benguela-Strom. Mit seiner tiefen Wassertemperatur verhindert er, dass vom Meer her Wolken ins Land ziehen und Niederschlag bringen. Da Namibia ohnehin im südlichen Hochdruckgürtel liegt, ist extreme Trockenheit programmiert.

Im trockensten Teil der Wüste Namib regnet es vielleicht einmal in zehn Jahren. Im Durchschnitt misst man weniger als 20 Millimeter Regen pro Jahr. Ein Ort also, wo man sich Leben kaum vorstellen kann. Trotzdem wimmelt es in der Dünenlandschaft der Namib von kleinem Getier, wobei dem Besucher vor allem die vielen Schwarzkäfer auffallen, die emsig über den roten Sand huschen. Wie schaffen diese Käfer die klimatische Hürde? Wo holen sie sich das lebensnotwendige Nass?

Die Namib ist vermutlich um die 20 Millionen Jahre alt. Zeit genug für Flora und Fauna, einiges für das Überleben in einer extremen Umwelt zu entwickeln. In der Namib gibt es heute eine Vielzahl endemischer Pflanzen- und Tierarten, hochspezialisierte Lebewesen also, die ausschliesslich an diesem Ort vorkommen.

Besonders aufregend für den Wüstenbiologen sind die gegen hundert verschiedenen Schwarzkäfer der Tenebrioniden-Familie; sie scheinen sämtliche Tricks gegen Hitze und Trockenheit zu kennen. Ihre wohl wichtigste Strategie ist das Sparen. Nur wer die Wasserverdunstung des eigenen Körpers extrem klein halten kann, hat eine Chance, der raschen Austrocknung zu entgehen. Der Körper der Tenebrioniden ist ein Wunderwerk der Anpassung. Die beiden Vorderflügel sind bei diesen Käfern zu einer harten, geschlossenen Deckschale verwachsen. Damit wird das Körperinnere vor übermässiger Verdunstung geschützt. Allerdings kann der Käfer nun nicht mehr fliegen – eine Aktivität, die mit ihrem hohen Bedarf an Energie und Kühlwasser in der Wüstenhitze ohnehin ein Luxus wäre.

Viel Wasser geht bei Lebewesen üblicherweise mit der ausgeatmeten Luft verloren. Dagegen sind die Tenebrioniden-Käfer der Namib gefeit. Die über den Hinterleib verteilten Atemlöcher münden in einen feuchten Hohlraum unter dem Rückenpanzer, und der gesamte Luftaustausch mit der trockenen Aussenwelt erfolgt nur über ein kleines Loch am Körperende. Regelmässig atmen die Käfer ausserdem nur, wenn sie aktiv sind. Sobald sie ruhen, schalten sie auf Spargang und machen im Extremfall nur noch alle 60 Minuten einen Atemzug. In besonders trockenen Gegenden oder Zeiten legen sich die Käfer als zusätzlichen Schutz noch einen Wachsmantel zu: Mikroporen im Chitinpanzer sondern Wachsfäden ab, die sich wie ein Haarschopf um den Körper legen und so die Verdunstung weiter reduzieren. Das von den feinen Fäden gebrochene Sonnenlicht lässt dann den Panzer der Käfer in prächtigem Dunkelblau schillern.

Trotzdem: Irgendwie müssen auch die Durstkünstler zu ihrem Wasser kommen. Viele der grösseren Wüstentiere gelangen zu Wasser, indem sie Pflanzen und kleinere Tiere fressen. Den Pflanzen selber aber und manchem Kleingetier bleibt diese indirekte Bezugsquelle verschlossen. Ihnen hilft ein Geschenk der Wüstennacht: Am Mittag kann die Lufttemperatur auf über 40 Grad Celsius steigen und der Sand sogar glühendheisse 70 Grad erreichen, nach Sonnenuntergang sinken die Temperaturen aber sehr rasch. Der nächtliche Temperatursturz bis manchmal gegen null Grad entzieht selbst sehr trockener Luft noch Feuchtigkeit – am Boden bildet sich Tau. Diese Himmelstränen sind für viele Wüstenpflanzen das einzige Nass, das sie in den regenlosen Zeiten bekommen. Käfer, Spinnen und andere kleinere Tiere profitieren davon, indem sie die taufeuchten Pflanzen und Steine belecken oder den Tau vom eigenen Körper holen, wie es Schlangen und Geckos mit ihren Zungen tun.

Nahe der Küste trägt eine weitere Laune der Natur zur Wasserversorgung der Wüstentiere bei. Wenn feucht-

warme Atlantikluft mit dem Westwind Richtung nami-
bische Küste zieht, kondensiert die Luftfeuchtigkeit
über dem kalten Benguela-Strom und treibt als Boden-
nebel über die Dünen bis weit ins Wüsteninnere. Dies
geschieht, je nach Gegend, in 40 bis 200 Nächten pro
Jahr. Kaum steigt die Sonne über den Horizont, ver-
dampft die Herrlichkeit in der Wüstenhitze wieder.
Manche der küstennahen Namib-Lebewesen nutzen
den Nebel als Wasserquelle, indem sie seine Feuchtigkeit wie Tau vom Boden lecken. Was aber der Schwarzkäfer *Onymacris unguicularis* mit dem Nebel der Namib
macht, ist derart ausgefallen, dass im Jahre 1976 die
renommiertesten Wissenschaftsjournale der Welt über
die von William Hamilton und Mary Seely gemachte
Entdeckung berichteten.

Onymacris unguicularis lebt in den steilen, windab-
gewandten Rutschhängen der mächtigen Namib-
Sanddünen. Dort taucht er nach Sonnenaufgang aus
dem losen Flugsand auf, sucht bis etwa zehn Uhr
Nahrung und entflieht dann der Hitze, indem er sich
wieder einbuddelt. Erst am späteren Nachmittag,
wenn ein kühlender Wind zu wehen beginnt, taucht
der zwei Zentimeter grosse Käfer wieder aus dem
schützenden Untergrund auf. Der Wind bringt ihm
auch seine Nahrung: zerfallenes Pflanzenmaterial,
Samen und tierischen Abfall wie Kot und Kadaver-
partikel. Diese organischen Überreste sammeln sich
an der windgeschützten Seite am Dünengleithang und
sind dort für manche Käfer und Silberfischchen das
einzige Futter.

Bei Anbruch der Nacht verschwindet *Onymacris unguicularis* wieder im Untergrund. In jenen Nächten aber, wo Nebel über die Düne streicht, kommt der Käfer im Dunkeln wieder aus dem Sand. Zielstrebig krabbelt er die Dünenwand empor, bis er auf der schmalen Krete steht. Dort stellt er sich exakt gegen den Wind, reckt das Hinterteil steil in den Nachthimmel und nimmt bis zum Morgengrauen ein Nebelbad.

Ein lebensspendendes Bad, denn die feinen Wassertröpfchen des vorbeistreichenden Nebels schlagen sich auf dem Rückenpanzer nieder, verschmelzen zu grösseren Tropfen und kullern schliesslich über spezielle Längsrinnen in Richtung Mund, wo sie vom Tier getrunken werden. Messungen haben ergeben, dass der Käfer in einer einzigen Nebelnacht bis zu 34 Prozent seines Abendgewichts trinken kann – ein Flüssigkeitskonsum, der bei einem 70 Kilogramm schweren Menschen 24 Litern Tranksame entspräche. Damit der Käfer diesen Riesenschluck überhaupt behalten kann, füllt er mit dem immer praller werdenden Leib den sonst für die Atmung reservierten Hohlraum unter dem Rückenpanzer.

Und wie versorgt sich das Tier mit Wasser, bevor es zum Käfer herangewachsen ist, also im wurmähnlichen Larvenstadium? Untersuchungen an verschiedenen Arten der Gattung *Onymacris* haben eine weitere erstaunliche Nebelnutzung gezeigt: Die Larven trinken den Nebel mit ihrem After. In der Wand ihres Mastdarms sitzen spezielle Zellen, die dank extrem hoher Salzkonzentration den Wasserdampf der Luft per Osmose förmlich durch die Zellwand einsaugen. Zugleich entziehen diese wasserhungrigen Zellen am Darmende auch den Fäkalien die Flüssigkeit, damit das wertvolle Nass nicht mit dem Kot wieder ausgeschieden wird.

Der Überraschungen noch nicht genug, haben wiederum Hamilton und Seely bei den Tenebrioniden der Gattung *Lepidochora* ein einzigartiges Verhalten entdeckt: Gezielte Beackerung des Wüstenbodens führt zu einer speziellen Form der Nebelernte. Die mit ihrem abgeplatteten Panzer wie fliegende Untertassen über den Sand huschenden Schwarzkäfer ziehen in Nebelnächten auf dem Windhang der Düne quer zur Windrichtung lange Gräben. In diesen Vertiefungen mit ihren steilen Rändern bleiben mehr Nebeltröpfchen hängen als im umliegenden flachen Sand. Wenn die Käfer am Ende der Bauarbeit wieder entlang der Gräben zurückwandern, können sie den Nebel mit dem Mundwerkzeug ernten und ihren Wasserbedarf decken.

Biologische Räder

«Wenn Gott gewollt hätte, dass Tiere Räder haben, hätte er zuerst Strassen gebaut», meint der amerikanische Biologe Richard McCourt. Auch ohne Bezug zum lieben Gott ist das Vorhandensein von Strassen oder Schienen für den Gebrauch von Rädern in der Tat fast unentbehrlich, denn je härter und flacher eine Unterlage, desto kleiner der Rollwiderstand. Wer mit dem Velo den Asphalt verlässt und über Schotter oder Sand fährt, bemerkt das Handicap sofort. Und wo sich Fels und Berg dem Rad entgegenstellen, braucht es für freie Fahrt Strassenkehren, Tunnels und Brücken.

Wie nützlich Räder sein können, haben bereits die alten Ägypter mit ihren Streitwagen und die Römer mit dem Schwerverkehr auf Ochsenkarren gezeigt. Als dann in den ersten Jahrhunderten nach Christus das Römische Reich aus den Fugen geriet, verlotterten im Imperium auch die Strassen. Im Nahen Osten und in Nordafrika avancierte das Kamel wieder zum universellen Transportmittel.

Falls man in der Natur rollende Fortbewegung finden will, muss man also an Orten mit festem, flachem Untergrund suchen, zum Beispiel in Savannen oder Steinwüsten. Dort lebt tatsächlich ein Tier, das das Geheimnis des Rollens kennt: der Skarabäus oder Pillen-

dreher. Dieser Käfer formt den Kot von pflanzenfres-
senden Säugetieren zu Kugeln, die er mit den Hinter-
beinen hurtig von dannen rollt, bis zu einem unterir-
dischen Versteck. Dort dient ihm der Dung entweder
als persönlicher Fressvorrat oder zur Aufzucht der Brut.
Die Mistkugel des Pillendrehers kann ohne weiteres
fünf Zentimeter hoch sein – dreimal so hoch und
zwanzigmal so schwer wie der Käfer selber. Wenn der
Schwertransport mit flotten 20 Zentimetern pro Sekunde
vor sich geht, wird die Effizienz der rollenden Trans-
portweise offensichtlich.

In den Sanddünen der Namibwüste im südwestlichen
Afrika erforschte der Biologe Joh Henschel im Jahre
1990 ein lebendes Rad: *Carparachne aureoflava*, die Gol-
dene Radspinne. Sie haust auf den mächtigen Sanddünen, wo sie als Versteck bis zu 50 Zentimeter tiefe
Röhren schräg in den Hang baut. Das ist im lockeren
Sand ein schwieriges Unterfangen. Die Spinne schafft es,
indem sie während des bergmännischen Vortriebs die
Tunnelwand laufend mit Seide stabilisiert. Zum Schutz
vor Feinden verschliesst sie den Eingang mit einer Tür
aus einem Gemisch von Sand und Seide. Nachts geht sie
auf Jagd und holt sich kleine Insekten; gelegentlich
erwischt sie auch einen Schwarzkäfer oder einen Gecko.

Der Todfeind der Goldenen Radspinne sind die
Wespen der Familie *Pompilidae*. Unermüdlich suchen
die Weibchen dieser schwarzen Wegwespen die Dünen
nach Radspinnen ab. Finden sie eine Seidentür, brechen
sie ins Versteck ein. Die Spinne verteidigt sich in der
engen Röhre mit den Vorderbeinen oder reisst notfalls

die stützende Seidenarmierung aus der Wand. Kann die Spinne die erste Attacke abwehren, geht die Wespe zur Fleissarbeit über und buddelt oberhalb des Spinnenverstecks einen Trichter in den Hang. Sie gräbt stundenlang, um im rieselnden Sand ans Ziel zu kommen. Für einen 15 Zentimeter tiefen Krater muss sie mit den blossen Beinen 5 Kilogramm Sand aus dem Hang schaufeln – immerhin das 80 000fache ihres Körpergewichts von 60 Milligramm.

Ist der Wespe der Einbruch gelungen, packt die Spinne ihre letzte Chance. Sie hetzt am Feind vorbei zum Kraterrand, spurtet ein Stück weit den Dünenhang hinunter und wirft sich blitzartig auf die Seite, die acht Beine jeweils am dritten Gelenk zum Körper hin angewinkelt: Aus der Spinne ist ein Rad geworden. Auf dem Kranz ihrer Beingelenke rollt sie hangabwärts und wird dabei immer schneller. Joh Henschel hat bis zu 44 Umdrehungen pro Sekunde gemessen – die Radrotation eines Ferraris bei 300 Kilometern pro Stunde. So wirbelt die Radspinne in 10 Sekunden mühelos um die 10 Meter weit und kippt vielleicht erst nach einer Rennstrecke von 100 Metern am Fuss der Düne wieder auf die Beine. Die Wespe scheint die rollende Spinne förmlich aus den Augen zu verlieren, denn obwohl sie fliegen kann, findet sie ihre Beute nicht wieder.

Wie lebensrettend die Rolltechnik für die Spinne ist, zeigt sich, wenn der Dünenhang für das Radschlagen zu flach ist. Da bleibt der Spinne zum Fliehen nur der konventionelle Sprint. Schon nach knapp zwei Metern muss sie mehrere Sekunden lang Atem holen. Eine tödliche Pause, denn schon ist die Wespe bei ihr und sticht sie in den weichen Leib. Das Gift lähmt das Opfer blitzartig, ohne es zu töten. Dann vergräbt das Wespenweibchen die Spinne im Sand und legt ein Ei auf den scheintoten Körper; die bald darauf schlüpfende Larve hat Verpflegung in bester Frische vor dem Maul.

So beeindruckend die Rollkunst der Radspinne auch sein mag, für Technikpuristen ist dies kein richtiges Rad. Der Witz der Erfindung sei doch, dass man auf Rädern Lasten fortbewegen könne, wenden sie ein, und dazu musste der denkende Mensch erst Radlager und Achse konstruieren, also Bauelemente, mit denen sich freidrehende Räder an starren Objekten festmachen lassen. Funktioniert dies beim Karren dank Schmiere recht gut, ergibt sich bei lebender Materie ein Riesenproblem: Wie können biologische «Räder» vom Körper mit den nötigen Nährstoffen versorgt werden? Blutgefässe würden sich schon nach wenigen Umdrehungen hoffnungslos um die Radachse wickeln. Deshalb können wir unseren Arm zwar tüchtig schwingen, er lässt sich aber nur sehr begrenzt um seine Längsachse am Schultergelenk rotieren.

Trotzdem haben Forscher in der lebenden Natur ein sich in einem Lager drehendes Element gefunden. Es handelt sich sogar um einen Motor, der von dem Lebewesen, das über ihn verfügt, aktiv angetrieben wird. Bereits vor einer Milliarde Jahren haben Bakterien für die Fortbewegung am Körperende eine schraubenförmig gebogene Flagelle entwickelt, die sich in einem ringförmigen Lager dreht und so den Mikroorganismus vorwärts schiebt. Bakterien haben einen Durchmesser von etwa einem Mikrometer (Tausendstelmillimeter) und lassen sich im herkömmlichen Lichtmikroskop gut beobachten. Die Flagellen sind sogar zehn Mikrometer lang, aber lediglich 0,02 Mikrometer dick und im Lichtmikroskop deshalb nicht mehr zu sehen. Solche Strukturen kann man mit dem Elektronenmikroskop sichtbar machen, aber nur an toten Präparaten und im Vakuum.

Es war vor allem der amerikanische Physiker Howard Berg, der durch raffinierte Experimente das Vorhandensein und Funktionieren des Bakterienmotors nachweisen konnte. Ihm gelang es in den siebziger Jahren, die Flagellen von Bakterien an eine Glasplatte zu «kleben». Prompt drehte sich das gesamte Bakterium um seine Längsachse – der Schwanz liess den Hund wackeln. Die Entdeckung eines biologischen Motors erregte gewaltiges Interesse und löste eine Flut von Forschungsprojekten aus. Mittlerweile weiss man recht viel über diese phantastische Erfindung der Natur. Wie der Motor im Detail funktioniert und wo die Rotationskraft erzeugt wird, ist jedoch noch immer rätselhaft.

Man hat den biologischen Motor an Darmbakterien erforscht, etwa an Kolibakterien und an Salmonellen. Ihr Antrieb kann mit über 100 Umdrehungen pro Sekunde rotieren (was einen Automotor mächtig aufheulen liesse). Wie es sich für ausgeklügelte Motoren gehört, können Bakterien ihre Flagellen auch im Rückwärtsgang laufen lassen. Manche Bakterien haben an beiden Enden des Zellkörpers je einen Motor. Damit können sie effizient in alle Richtungen manövrieren.

Molekularbiologen haben herausgefunden, dass der etwa 0,03 Mikrometer grosse Bakterienmotor aus über zwanzig verschiedenen Proteinen besteht. Man kennt auch dreissig Gene, die für den Bau und das Funktionieren des Motors verantwortlich sind. Die Flagelle ist über ein flexibles Bogenstück mit dem Motor verbunden, wobei ein Stift am Ende des Bogens in mehreren Ringen gelagert ist. Die Ringe schliesslich sind mit der Zellwand verbunden. Wo genau die komplizierte Konstruktion rotiert, ist noch unbekannt.

Man weiss aber, was den Motor antreibt. Als Energiequelle dienen Protonen (Wasserstoffionen), die aus dem Zellinnern durch die Zellmembran hindurch in den Motor diffundieren. Für eine einzige Flagellenumdrehung braucht es 1000 Protonen, die in nur 0,01 Sekunden durch die Zellmembran angeliefert werden. Dieser Energietransport ist möglich, weil eine Flüssigkeit mit hoher Ionenkonzentration ihre Ionen von Natur aus an einen Ort mit niedriger Ionenkonzentration abgibt.

Die Energieversorgung mittels Ionendiffusion kann nur im Mikrobereich funktionieren, denn Ionen oder Moleküle diffundieren als Energieträger und Nährstoff nur schnell genug ans Ziel, wenn die Distanzen nicht grösser als 0,1 Millimeter sind. Wahrscheinlich ist das der Grund, warum es rundlaufende biologische Motoren nur im Mikroraum gibt. Grössere Viecher würden für die Versorgung der rotierenden Teile ein Kreislaufsystem aus festen Leitungen brauchen, was eben eine total verwickelte Sache wäre.

Starke Hühner

Der Hirsch wandert in die milderen Gefilde des Tieflands, wenn im Herbst die Tage kürzer und kälter werden und in den Bergen kaum noch Futter zu finden ist. Der Berglaubsänger leistet sich Winterferien in Afrika. Das Murmeltier reagiert auf die Unbill, indem es die Körpertemperatur auf drei Grad Celsius drosselt und bis zum Frühjahr als lebender Kühlschrank im Untergrund schlummert. Wer sich durch die Eiseskälte nicht vom munteren Bergleben abhalten lässt, ist das Alpenschneehuhn.

Im reinweissen Winterkleid trippeln die knapp pfundschweren Tiere zwischen den Zwergsträuchern oberhalb der Waldgrenze umher, knabbern hier an einem Heidelbeertrieb und picken dort an den Blättern von Alpenrose und Thymian. Um über die Runden zu kommen, müssen die Vögel Tag für Tag gut 100 Gramm frische Nahrung sammeln, was immerhin ein Abpicken von 15 000 Pflanzenteilchen erfordert. Deshalb ist das Alpenschneehuhn auch im hohen Winter über den Tag verteilt drei bis sechs Stunden lang auf Nahrungssuche. Mit einem Endspurt von bis zu 140 Schnabelhieben pro Minute wird vor dem Dunkelwerden die Fressbilanz noch aufpoliert. Um sich bei grimmiger Kälte auszuruhen sowie für die Nacht graben sich die Hühner in den lockeren Pulverschnee.

Das Alpenschneehuhn (rechts) hat sich hervorragend an die schwierigen Bedingungen im Hochgebirge angepasst.

Dieses harte Winterleben kann man nur in passendem Gelände führen. Das Alpenschneehuhn bevorzugt mit Felsen durchsetzte, nordexponierte Steilhänge, wie sie etwa im Wallis oberhalb des Aletschwaldes anzutreffen sind. In solchen Lagen rutscht häufig Schnee ab, oder der Wind fegt eine Krete blank, und darum finden sich viele apere Stellen zum Äsen. Die Felsen bieten ausserdem etwas Wetterschutz. An Nordhängen liegt auch fast immer der zum Eingraben nötige Pulverschnee. Obschon nur fusstief unter der Schneeoberfläche, bringt das Huhn sein Iglu mit der Körperwärme auf behagliche 0 Grad, selbst wenn draussen das Quecksilber auf minus 30 fällt. Der Schutz kann jedoch zum Grab werden, wenn ein plötzlicher Temperaturwechsel die Schneedecke vereisen lässt. Deshalb verlassen Alpenschneehühner in der Regel sofort das weisse Bett, wenn Nassschnee oder Regen zu fallen beginnt.

Für ein Überwintern in der Kälte braucht es die richtige Ausrüstung. An der Basis jeder Feder der alpinen Hühner zweigt eine zusätzliche Daunenfeder ab. Dieses flauschige Unterkleid isoliert hervorragend gegen Kälte. Die Nasenlöcher sind von Federn bedeckt. An den Füssen wachsen ebenfalls Federn bis über die Zehen, als Kälteschutz, aber auch, um das Einsinken im Lockerschnee zu verhindern. Die Fussbekleidung hat der ganzen Art die Bezeichnung «Rauhfusshühner» eingetragen. Das Schneehuhn trägt ausserdem den wissenschaftlichen Namen *Lagopus*, was griechisch ist und «Hasenfuss» bedeutet. Der Körper des Alpenschneehuhns ist derart gut an die Kälte angepasst, dass es wie ein Hund zu hecheln beginnt, sobald die Lufttemperatur 15 Grad übersteigt. Auch sein Darm ist auf das Bergleben zugeschnitten: Damit es die derbe Nahrung mit einem hohen Zellulosegehalt optimal verwerten kann, verfügt das Alpenschneehuhn am Ende des Dünndarms über zwei gegen sechzig Zentimeter lange Blinddärme als Zusatzverdauer.

Wenn man als Huhn im offenen Gelände oberhalb der Waldgrenze lebt, muss man sich vor Fuchs, Hermelin und Adler in acht nehmen. Das Alpenschneehuhn setzt auf die Karte Tarnung und betreibt einen enormen Kleideraufwand. Im Frühjahr wechselt es das Winterkleid. Der Hahn ist danach auf Oberseite, Vorderbrust und Flanken schwarzbraun marmoriert, die Henne goldbeige und schwarzbraun gebändert. Diese Mauser verläuft synchron zur Schneeschmelze, das Tarnkleid wird laufend dem Gelände angepasst. Im Spätsommer leisten sich die Schneehühner für nur einen Monat ein drittes Kleid mit feiner Grauzeichnung und bereits etlichem Weiss. Es braucht ein sehr aufmerksames Auge, um in der Berglandschaft ein ruhendes Schneehuhn zu entdecken. So kann es geschehen, dass neben einem Wanderer plötzlich einige Hühner aufstieben, nachdem sie bis zum letzten Moment regungslos zugewartet haben, ob der Störefried nicht vielleicht doch in etwas grösserer Entfernung an ihnen vorüberziehe.

Stillhaltetaktik kennt bereits das Küken, wenn es Anfang Juli schlüpft, nachdem die Henne ihre sieben bis acht Eier in einer nur notdürftig mit Halmen und Federchen gepolsterten Mulde 22 Tage lang ausgebrütet hat. Schon am Schlüpftag wagen sich die Kleinen ein paar Meter von der Henne weg, um nach Insekten, Kräutern und Samen zu suchen. Sobald aber die Mutter mit dumpfem «Gääh-gääh-gääh» warnt, erstarren die Flaumknäuel mitten in der Bewegung und drücken sich flach auf den Boden.

Zum Schlüpftermin verlässt der Hahn seine Familie. Er steigt höher ins Gebirge, um von den besonders eiweissreichen jungen Pflanzenknospen an den Rändern der Schneefelder zu leben. Favorit im Sommerangebot ist der Knöllchenknöterich. Vier bis sechs Wochen später sind die Küken wieder bei den Vätern, denn die Henne hat den Nachwuchs in kurzen Etappen ebenfalls bergwärts geführt. Die Reise ins schroffe Hochland glückt allerdings längst nicht allen Jungen. Etwa die Hälfte fällt Räubern, nasskaltem Sommerwetter oder hartnäckig liegenbleibendem Schnee zum Opfer.

Die ersten ausgiebigen Schneefälle im Spätherbst treiben die Schneehühner wieder in die Brutgebiete nahe der Waldgrenze hinunter. Im Abstand von 200 bis 500 Metern besetzen die Hähne ihr Territorium und verkünden jeweils kurz vor Sonnenaufgang von einem Felsblock aus mit knarrendem Ruf den territorialen Anspruch. Jeder Hahn kämpft Jahr für Jahr um sein angestammtes Revier, und die Anordnung der Reviere im Gelände bleibt über Jahrzehnte hin konstant.

Gegen Frühjahr wird die Balz immer heftiger. Taucht ein Rivale auf, startet der Platzherr zum Schauflug. Mit lautem Ruf und schnurrendem Flügelschlag flattert er mehrere Meter in die Luft und lässt sich mit ausgebrei-

teten Schwingen wieder zu Boden gleiten, die tief-
schwarzen Schwanzfedern weit gespreizt. Balzgesang
und Schauflug sollen nicht nur die Rivalen, sondern
auch die Weibchen beeindrucken. Bald schon gehen die
Hennen auf Bräutigamschau, indem sie einzeln durch
die Reviere spazieren und ein kritisches Auge auch auf
den Platz selber werfen. Hähne, die auf einem erst spät
ausapernden Territorium balzen, bleiben nicht selten
allein. Denn die Henne weiss, wo das Gelände für eine
künftige Brut geeignet ist, und trifft entsprechend ihre
Wahl. Einmal verpaart, bleiben sich Hahn und Henne
treu – mindestens für die Brutsaison.

Das Alpenschneehuhn ist ein Relikt aus der Eiszeit.
Als die Gletscher vor zehntausend Jahren schmolzen,
zogen sich die kälteliebenden Vögel in den hohen Norden
Amerikas und Eurasiens, nach Grönland, Island sowie
ins schottische Hochland zurück. In Mitteleuropa blieben
ihnen die Alpen sowie die Pyrenäen als «Kälteinseln».
In der Schweiz brütet das Alpenschneehuhn in Lagen
zwischen 1900 und 2600 Metern über Meer; man hat
auch schon ein Nest auf dem Altstafelhorn im Wallis auf
2835 Metern gefunden. Einzeltiere wandern noch viel
höher. Der beobachtete Rekord liegt bei 4195 Metern:
Ein Huhn bestieg das Aletschhorn.

Noch vor 30 Jahren waren die im entlegenen Hochgebirge lebenden Rauhfusshühner ziemlich unbekannte
Wesen. 1970 begann Urs Glutz von Blotzheim an der
Universität Bern mit einer Arbeitsgruppe, im Aletsch-
gebiet die Alpenschneehühner und die Birkhühner zu
studieren. Denn man hatte erkannt, dass Rauhfusshühner

eines Tages aus unseren Bergen verschwunden sein könnten, wenn man ihr Verhalten und ihre Bedürfnisse nicht besser kennenlernt, um ihren Lebensraum entsprechend schützen zu können. Heute führen Zoologen wie Christian Marti von der Schweizerischen Vogelwarte Sempach und Andreas Bossert Beobachtungen und Bestandeszählungen für die gesamten Schweizer Alpen durch, wobei man nur die balzenden Hähne einigermassen zuverlässig erfassen kann.

Nach neuesten Schätzungen gibt es in der Schweiz noch 10 000 bis 12 000 Alpenschneehähne. Der Bestand wird von den Biologen als gut und wahrscheinlich recht stabil bezeichnet. Trotzdem schwingt in Fachkreisen beim Thema Rauhfusshühner Sorge mit. In der Schweiz dürfen Rauhfusshühner nach wie vor gejagt werden. 1997 kostete das 798 Schneehühner das Leben. Die Bündner Jäger holten sich mit Abstand am meisten Tiere, nämlich 591. Es folgen die Tessiner (81), die Walliser (72) und die Urner (54). Alle anderen Kantone verzichten auf die Schneehuhnjagd.

Vertreter der Jägerschaft betonen, dass die Bestände durch die heutige Jagd nicht gefährdet seien. Auch habe die Jagd auf Rauhfusshühner eine lange Tradition, und Praktiken wie die Tessiner Jagd mit Vorstehhunden seien Teil der lokalen Kultur. In Naturschutzkreisen scheint jedoch die Meinung vorzuherrschen, dass die touristische Betriebsamkeit in weiten Teilen des Hochgebirges Störung genug sei für die Rauhfusshühner und es an der Zeit wäre, dass die Jäger die geplagten Hühner in Ruhe liessen.

Ihre Aggressivität und der Drang auszuschwärmen hat die afrikanische Biene in Amerika zum Problem werden lassen.

Warum killen Killerbienen?

Was Siang Ooi, Botanikstudent der Universität von Miami, im Jahre 1986 auf einem Ausflug in die Berge von Costa Rica widerfuhr, war grauenvoll. Im steilen Gelände stiess er unvermittelt auf ein Nest wilder Bienen. Innert Sekunden stürzte sich eine summende Wolke auf den jungen Mann. Siang Ooi rannte talwärts, geriet in der Hast mit dem Fuss in eine Felsspalte und blieb stecken. Kollegen, die ihn aus der Gefahr retten wollten, wurden von den Bienen ebenfalls attackiert. Den Helfern blieb nur der Rückzug, wobei drei von ihnen bereits derart viele Stiche abbekommen hatten, dass sie später zusammenbrachen. Erst in der Nacht, als der Bienenschwarm ins Nest zurückgekehrt war, konnte Siang Ooi geborgen werden. Er war tot, gestorben an einer Überdosis Bienengift. In der Leiche steckten 8000 Stachel.

Der tragische Fall des Botanikstudenten ist einer unter vielen. Von Attacken aggressiver Bienen sind fast alle tropischen Regionen Lateinamerikas betroffen. Von 1975 bis 1988 starben in Venezuela 350 Menschen an Bienenstichen. Und in Brasilien sollen die gefährlichen Biester im Jahr 1965 allein in der Region von São Paulo über 150 Todesfälle verursacht haben. In Brasilien entstand der Name «abelhas assassinas», und bald sprach man weltweit von den «killer bees».

Die Aussicht, dass die angriffigen Bienenvölker eines Tages die USA erobern könnten, löste in den siebziger Jahren eine Hysterie aus. Das Magazin «Time» sah die Invasion der wilden brasilianischen Bienen als eine Insektenvariante von Dschingis-Khan voraus; und im Roman «The Bees» wurde gar der Krieg zwischen Biene und Mensch geschildert, mit Millionen von Toten und der Evakuation weiter Teile Amerikas. Unter dem Schlagwort «Genmanipulierte Killerbienen. Ja zur Gen-Schutz-Initiative» fand das exotische Bienenproblem 1998 sogar Eingang in die Schweizer Politik.

Mit Gentechnologie haben die aggressiven Bienen aber nichts zu tun. «Killerbienen» sind lediglich eine weitere Variante im uralten Spiel der Evolution, wo Lebewesen sich im Laufe der Jahrtausende an bestimmte Lebensräume anpassen oder geeignete Regionen neu erobern. Was sich seit Ende der fünfziger Jahre in Amerika breit macht, ist *Apis mellifera scutellata*, eine mit unsern Honigbienen eng verwandte Bienenrasse aus Afrika. In die Neue Welt kam die Afrikanerin allerdings nicht von selber – sie erhielt ihre Chance durch ein Missgeschick während eines Zuchtexperiments.

Ursprünglich stammt die Honigbiene *Apis mellifera* aus den Tropen Südostasiens, von wo sie nach Afrika und Europa gelangte. Den spezifischen Klima- und Umweltbedingungen der verschiedenen Lebensräume entsprechend entwickelte sich weltweit ein Dutzend verschiedener Rassen. In Nordeuropa lebt *Apis mellifera mellifera*, die Deutsche Biene. Die Winterkälte übersteht sie dank grosser Völker mit entsprechender Heizleistung im Nest. Die Notwendigkeit, in der kurzen warmen Saison genügend Honig und Pollen als Wintervorrat im Nest anzuhäufen, zwingt zu Sesshaftigkeit. Will die Königin andernorts ein weiteres Volk gründen, muss sie deshalb früh in der Sommersaison schwärmen.

Als Lieferantinnen von Honig und Wachs sind Bienen europäisches Kulturgut. Auswanderer nahmen schon im 17. Jahrhundert das wertvolle Insekt mit nach Amerika, wo es zuvor keine Honigbienen gab. Die «Fliegen des weissen Mannes» lebten sich in der neuen Heimat rasch ein. Die traditionelle Deutsche Biene war den amerikanischen Imkern aber zu aggressiv, weshalb sie im 19. Jahrhundert mit verschiedenen anderen Rassen experimentierten. Man versuchte es etwa mit *Apis mellifera carnica*, der Kärntner Biene. Das Rennen machte dann aber die sanfte Italienerbiene *Apis mellifera ligustica*. Sie ist bis heute in den USA die beliebteste Honigsammlerin.

Auch in Südamerika hielt man auf den Farmen schon früh europäische Bienen. Honigbienen aus der Alten Welt gewöhnten sich trotz intensiven Zuchtversuchen jedoch nur schlecht an das feuchtheisse Tropenklima. Sie liefern wenig Honig und sind krankheitsanfällig. Da kamen dem brasilianischen Landwirtschaftsministerium die sagenhaften Honigernten von *Apis mellifera scutellata*, der Ostafrikanischen Hochlandbiene, zu Ohren. Und so beauftragte man den Bienenforscher Warwick Kerr, in Südafrika und Tansania solche Wildbienen zu sammeln und ihre Vorzüge – Sammelfleiss und eine hohe Resistenz gegen Milben und Faulbrut – in die brasilianischen Bienenrassen einzuzüchten. 1957 brachte Kerr 47 Bienenköniginnen aus Afrika in sein Labor nach São Paulo. Nur wenige Monate später entwichen 26 der Damen mitsamt ihrem noch jungen Hofstaat. Wer die Gitter im Labor geöffnet hatte, ist noch heute nicht klar. Unbestritten war die Zuchtstation aber eine Pandorabüchse.

Kaum an der frischen Luft, schwärmten die Immigrantinnen in alle Richtungen und gründeten umgehend neue Völker. Heute gibt es in Amerika schätzungsweise mehr als 100 Millionen wilde Nester der Biene aus Afrika. Man spricht heute von den «afrikanisierten» Bienen Amerikas, von Hybriden aus afrikanischen und europäischen Rassen. Genetische Untersuchungen zeigen aber, dass sich in den Tropen fast ausschliesslich das an solche Verhältnisse hervorragend angepasste afrikanische Erbe durchsetzt, die neuen Bienen Amerikas also praktisch identisch sind mit der afrikanischen Wildbiene. Nur in den Übergangszonen zwischen tropischem und gemässigtem Klima, etwa im südlichen Argentinien, haben sich deutliche Mischformen mit europäischen und afrikanischen Rassenmerkmalen entwickelt.

Die enorme Tüchtigkeit der Afrikanerin in Lateinamerika ist eine im Laufe der Evolution erworbene Eigenart. Das Honigsammeln ist für Bienen in den Tropen kein leichter Job. Zwar gibt es dort eine enorme Pflanzenvielfalt; die einzelnen Pflanzen sind aber in eher kleinen Gruppen über ein grosses Gebiet verstreut. Während sich ein Bienenvolk bei uns an einem blühenden Rapsfeld sehr effizient bedienen kann, muss die Wildbiene in Afrika das Angebot weiträumig abklappern. Sie hat deshalb den wahren Bienenfleiss entwickelt, fliegt in aller Herrgottsfrühe aus und arbeitet bis in den späten Abend. Sie sammelt auch bei Kälte und Nebel und sogar im Mondlicht. Der Ertrag ist dementsprechend: Ein in Brasilien gemachter Leistungsvergleich ergab innert dreier Monate 12 Kilogramm Honig für die Deutsche Biene und 24 für die Italienerin, für die afrikanisierte Biene aber 42 Kilogramm. Da solcher Fleiss entsprechend viele Blütenbesuche bedingt, ist die Afrikanerbiene auch als Blütenbestäuberin sehr nützlich.

Der Zwang, das Blütenangebot weiträumig absuchen zu müssen, sowie die fehlende Notwendigkeit eines festen Winterquartiers haben die Bienen aus Afrika zu Zigeunern gemacht, die in kleinen, aber sehr mobilen Völkern leben. Sie schwärmen etwa zwanzigmal häufiger als die europäischen Bienen; aus einer Kolonie in Französisch-Guayana sind in einem Jahr 64 Tochterkolonien geworden. Mit dieser enormen Wanderlust rückten die in Brasilien entflogenen Afrikanerinnen Jahr für Jahr um die 300 Kilometer weiter nach Norden und Süden. 1987 war Mexiko erreicht; ab 1990 eroberten die «Killerbienen» schliesslich auch Texas, Arizona und Kalifornien.

Und die legendäre Aggressivität? Während europäische Bienen ein eher behagliches Leben führen, sind ihre Verwandten in den Tropen konstant bedroht. Zahlreiche Vögel, Ameisenbären, räuberische Ameisen und nicht zuletzt der Mensch holen sich den Honig und die leckere Brut aus den Nestern der wilden Bienen. Wollen sie überleben, müssen sie kompromisslos angreifen. So sind die afrikanischen Bienen zu Kampffliegern geworden: Sie reagieren auf Störungen dreimal schneller als europäische Bienen, placieren zehnmal so viele Stiche an einem Angreifer und verfolgen einen Feind bis zu einem Kilometer weit. Zwar injizieren sie mit einem Stich etwa 30 Prozent weniger Gift als unsere Honigbienen. Aber nach etlichen hundert Giftdosen ist für das attackierte Opfer manchmal das tödliche Mass doch voll.

Die Schwierigkeiten im Umgang mit der temperamentvollen Afrikanerin liessen die Imkerei in Lateinamerika fast überall zusammenbrechen. In Venezuela gaben Ende der siebziger Jahre neun von zehn Honigproduzenten auf; die landesweite Honigernte schmolz von 1300 Tonnen auf 80. Dann nahmen Amerikas Imker einen neuen Anlauf und lernten, wie mit der wehrhaften Biene umzugehen ist. Sie tragen nun bei der Arbeit völlig weisse, mehrschichtige Schutzkleidung; pro Bienenhaus werden nur wenige Völker einquartiert; die Bienenhäuser stehen in weiter Entfernung von Haus und Stall; die einzelnen Bienenhäuser sind durch Bäume und Hecken voneinander abgeschirmt.

Und siehe da, die Massnahmen haben Wunder gewirkt. Nach ein paar Jahrzehnten des Schreckens und der Ratlosigkeit blüht auch in Amerika das Imkerhandwerk wieder. Im Nordwesten Brasiliens, wo früher für die europäische Biene kein Leben war, ist eine Honigwirtschaft überhaupt erst dank der afrikanischen Einwanderin entstanden. Wenn die Leute dem Ratschlag der in den Dörfern hängenden Plakate folgen, doch keine Prügel gegen die Nester der Wildbienen zu werfen, dürften auch die leidigen Todesfälle seltener werden.

Register

Kleine Philosophie der Passionen

Elfriede Hammerl
Hunde
dtv 20037

»Es war einmal ein kleiner Hund, der nahm sich einen
Menschen. Der Mensch war weder auffallend schön, noch
auffallend klug, aber der kleine Hund beschloß, ihn für
etwas Besonderes zu halten. Unermüdlich beschäftigte er
sich mit ihm. Der Mensch lernte, hinter der Zeitung hervor-
zukommen und dem Hund zu folgen. Gemeinsam zogen sie
durch die Welt. Die Welt lag im wesentlichen zwischen
Hauptstraße und Kirchplatz. Schnee säumte die kahlen Äste
der Bäume am Straßenrand. Von den gefrorenen Feldern
grüßten heiser die Krähen herüber. Der kleine Hund führte
seinen Menschen zum Bäcker, wo es nach warmem Brot
roch.
Der kleine Hund wartete vor dem Bäckerladen, bis sich sein
Mensch Brot gekauft hatte, das er zu seiner artgerechten
Ernährung brauchte. Er selber gönnte sich inzwischen eine
Nase voll von den Düften, die aus der Fleischhauerei her-
auswehten...«

»...so erfrischend hundenah, als hätte ihr ein Hund
jede Zeile diktiert.«
Kronen-Zeitung

dtv

Kleine Philosophie der Passionen

Renate Just
Katzen
dtv 20095

»**Lesespaß pur**«
Abendzeitung

»Wie unterschiedlich die kätzischen Mitbewohner auch sein mögen: Sie verstehen sich in ihrer Behausung auf hervorragend dekorative Selbstarrangements. Sie thronen in ägyptisierender Statuenhaltung auf einem Fensterbrett wie auf einer Konsole. Sie plazieren sich als gemütliches Fell-Ei mit untergeschlagenen Pfoten zwischen farblich passende Kissen, lagern wie die Sphinx persönlich mit parallel vorgestreckten Vorderbeinen auf einer Steinmauer oder kringelförmig leise schnarchend mitten auf der Schreibtischplatte, jede Menschenarbeit daselbst blockierend, bis sie die Augen aufklappen, riesengroß, oder spitzzähnig gähnen, einen Buckel machen, die Vorderbeine durchdrücken und sich zum Absprung entschließen.«

»**Eine amüsante Liebeserklärung an all die Stubentiger, die auf unseren Sesseln thronen, in unseren Vorhängen schaukeln und uns in Schmuselaune versetzen.**«
Neue Post

dtv

Der Reichtum der einfachen Küche

Wer sich nach ursprünglichen und preiswerten Gerichten
sehnt, die zudem noch leicht nachzukochen sind,
kann sich mit diesen Rezepten aus sechs
beliebten Urlaubsländern verwöhnen
oder verwöhnen lassen.

Eva Gesine Baur,
Irène Furtwängler
Italien
dtv 36040

Eva Gesine Baur,
Monika Arndt
Deutschland
dtv 36043

Eva Gesine Baur
Frankreich
dtv 36041

Eva Gesine Baur,
Renate Zeltner
Österreich
dtv 36044

Eva Gesine Baur,
Anuschka Seifert
Spanien
dtv 36042

Eva Gesine Baur,
Beat Wüthrich
Schweiz
dtv 36045

»Eine wunderschöne Reihe – und fast ein Muß für alle,
denen Essen mehr bedeutet als satt werden.«
Deister- und Weserzeitung

»Eine wichtige Buchreihe für Genießer: Wer sich in der
einfachen Küche nicht gut auskennt, wird es in der
feinen erst recht zu nichts bringen.«
Peter Ploog, Chefredakteur von ʻessen & trinkenʼ

dtv

Vom Glück, mit der Natur zu leben

>»Das Buch ist eins der bezauberndsten,
die ich je in der Hand hatte.«
Hannelore (Loki) Schmidt

Vom Glück, mit der Natur zu leben
Das Tagebuch der Edith Holden
Naturbeobachtungen aus dem Jahre 1906
dtv 36105

In Wort und Bild beschreibt Edith Holden Flora und Fauna ihrer englischen Heimat im Wandel der Jahreszeiten. Alles, was sie auf ihren Spaziergängen und Wanderungen beobachten konnte, hat sie sorgfältig niedergeschrieben, ihre Lieblingsgedichte und Sprüche zur Jahreszeit hinzugesetzt, die Monatsnamen erläutert, die Feiertage gekennzeichnet, vor allem aber ihre Eintragungen mit eigenen Aquarellen von Pflanzen und Tieren illustriert. Blatt für Blatt dieses Tagebuchs zeugt von Edith Holdens Liebe zur Natur und ihrer Begabung, das Erlebte empfindungsreich zu vermitteln.

Die schöne Stimme der Natur
Das frühe Tagebuch der Edith Holden
Naturbeobachtungen aus dem Jahre 1905
dtv 30027

Es war eine kleine Sensation, als man 1988, zehn Jahre nach dem Welterfolg ihres ersten, Edith Holdens zweites, aber früheres Naturtagebuch aus dem Jahr 1905 entdeckte. Auch in diesen Aufzeichnungen erlebt der Leser das Glück, mit der Natur zu leben, durch die genauen und liebevollen Beobachtungen all dessen, was da wächst und blüht, krabbelt und kriecht, läuft und fliegt. Edith Holden hat den Jahreslauf in der Natur mit meisterhaften Aquarellen und Notizen festgehalten, die sie durch Gedichte und Sprüche aus der englischen Literatur ergänzte. Alles zusammen ergibt eine einzigartige, beglückende Darstellung der noch unversehrten Natur – eine eindringliche Mahnung an uns, diese Unversehrtheit zu erhalten.